POWRÓT Z BAMBUKO

KATARZYNA

NOSOWSKA

POWRÓT Z BAMBUKO

W BAMBUKO

Właśnie mijają dwa lata od wydania *A ja żem jej powiedziała*, a ja nadal jestem przed pięćdziesiątką. Tuż po czterdziestych urodzinach postanowiłam, że odtąd będę przed pięćdziesiątką, zatem od długiego czasu jestem w tym samym wieku. Postanowiłam również, że gdy skończę pięćdziesiąt lat, to już do końca, do chwili ostatecznego rozstania z personą Nosowską, będę po pięćdziesiątce. Jeśli uczynicie analogiczne postanowienie, przyjdzie czas, gdy wszyscy będziemy w tym samym wieku.

Na początek jestem Wam winna ogromne podziękowania. Oddawałam w Wasze ręce poprzednią książkę, licząc nieśmiało na odnalezienie ludzi czujących podobnie, a otrzymałam żywy dowód na jednojajowe podobieństwo, dalece wykraczające poza płeć, stan posiadania, przynależność polityczną czy religijną. W czasach, gdy tropienie różnic i szukanie podziałów zdaje się stanowić fundament codzienności, razem odnaleźliśmy przestrzeń, w której spotkanie w prawdzie, bez lęku i wstydu, jest możliwe.

Dziękuję za to, że wiodąc średnio bogate życie towarzyskie, miałam wrażenie pozostawania w relacji z tak wieloma ludźmi. Konsekwencją tej nieoczekiwanej, lecz silnej bliskości było powstanie *Zmalowanych Wrót*, przedziwnie skonstruowanego spektaklu, który dostarczył dodatkowej energii i ułatwił nabranie pewności, że koncepcja oddzielenia jest bardzo szkodliwa. Oczywiście prócz pełnych zrozumienia spojrzeń i serdecznego zbijania piątek były też baty od tych, którym z moją pisaniną nie po drodze, ale to w najmniejszym stopniu nie zachwiało moim przekonaniem, że jesteśmy tacy sami, a różnej twardości pancerze, jakie przywdzialiśmy na okoliczność bywania w świecie, chronią to coś w każdym z nas, co się żarzy, bez przerwy pulsuje.

W bambuko robi się nas, a czasem my robimy innych, gdy tylko podejdziemy do stołu, przy którym gra się w życie. Ja wyobrażam sobie, że Bambuko to kraina, która rozpościera się poniżej Krainy Przytomności. Spadamy do Bambuko, a konkretnie jesteśmy strącani, przez specjalizujące się w strącaniu do Bambuko jednostki typu rodzina, znajomi lub twory systemowe, takie jak szkoła, Kościół, państwo.

Warunki panujące w Bambuko, zarówno atmosferyczne, jak i bytowe, są tak niekorzystne, że czasem pojawia się chęć ucieczki, powrotu do Krainy Przytomności, gdzie żyje się życie zupełnie inaczej. Do Krainy Przytomności można się dostać Schodami Olśnień. To takie niezwykłe schody, których stopnie pojawiają się pojedynczo, jeden po drugim, dopiero gdy zrobimy krok. Wymaga to zaufania, odwagi i uważności, szczególnie gdy wspięliśmy się już znacznie powyżej Bambuko, ale sporo nas dzieli od Krainy Przytomności.

Powrót z Bambuko to opowieść o mojej wspinaczce moimi Schodami Olśnień, bo pamiętajcie, że każdy ma swoje, indywidualne. Oddając Wam tę książkę, nieśmiało marzę, że może doda ona otuchy stawiającym pierwszy krok lub wchodzącym na kolejny stopień.

Inny pośród takich samych

Porozmawiajmy o paznokciach. Mój kolega na pytanie, co wprawia go w najwyższe obrzydzenie, bez namysłu odpowiada: paznokcie, a w szczególności kupka świeżo obciętych. Jako że skracanie paznokci to konieczność, kolega dwa razy w miesiącu, znieczulony alkoholem, a mimo to odczuwający mdłości, obcina, pilnując, by broń Boże żaden kawałek nie wystrzelił i nie zaginął, układa w stosik, po czym natychmiast wynosi toto do śmietnika, bo świadomość, że coś tak obrzydliwego zalega w koszu na śmieci, uczyniłaby sen – ba, nawet życie – niemożliwym. Kolega, który najchętniej pozbyłby się paznokci raz a dobrze, nie może pojąć, jak to możliwe, że rzesze kobiet (bywa, że i mężczyzn) poświęcają paznokciom tyle uwagi. Za mojej młodości nie było aż takiego kultu paznokcia. Owszem, istniały już lakiery: bezbarwny, biała perła, różowa perła, szara perła, no i oczywiście czerwony, ale to by było na tyle. Moja mama miała, jak to się mówi, słabe paznokcie, ale chętnie je malowała. Pani Z. – wychowawczyni w podstawówce – miała paznokcie długie, idealnie opiłowane, czerwone. Oniemiała z zachwytu patrzyłam, jak przejeżdża końcem paznokcia po liście w dzienniku i puka dwukrotnie w wybrane nazwisko, zanim je przeczyta i wywoła kogoś do odpowiedzi. Czasem, gdy niesforna drobinka tuszu do rzęs wpadła jej do oka, mrugała kilkakrotnie, doprowadzając ją do mięska łzowego lub na krawędź powieki, a stamtąd wprawnym ruchem usuwała krwistoczerwoną, wyrastającą ze szczupłego palca szpatułką. Kiedy w zabawie przeistaczałam się w panią Z., przyklejałam do swoich kwadratowych łopatek uformowane w kształt migdała kawałki czerwonej plasteliny.

Właśnie, łopatki... Słabe po matce, o krótkiej płytce, z podłużnymi bruzdkami, jakby je kto pługiem potraktował. Skrywane w rękawie, schowane w pięści, wyczekujące zimy, by zanurzyć się w rękawiczce. Był moment, że marzyłam o pracy bibliotekarki, ale szybko zrozumiałam, że paznokcie mnie dyskwalifikują, no bo jak szperać takimi brzydkimi w szufladkach z kartami bibliotecznymi, gdy ludzie patrzą? No to zostałam, o ironio, piosenkarką. Nie zdawałam sobie sprawy z tego, że cholerne pazury są w tym zawodzie tak obecne! Mikrofon do ręki? Tylko nie to! Teledysk, w którym trzeba czegoś dotknąć, coś przestawić, położyć dłoń na policzku modela, jeśli piosenka jest o miłości? Tragedia. Te wszystkie sesje zdjęciowe, podczas których zawsze przychodzi chwila, gdy fotograf mówi: Może coś z dłońmi zrobisz? Oblewam się wtedy zimnym potem. I ten lęk, że ktoś mi wyśle paczkę do unboxingu, a ja będę musiała gmerać na zbliżeniu w tych pudełkach nieumalowanymi łopatami.

Powiecie: To sobie pomaluj! Na świecie są już wszystkie możliwe kolory, a i kształt sobie można zrobić. Tak, wiem. Ładnych parę lat temu poszłam do profesjonalistki, by utrzeć nosa naturze. Tipsy! Dziesięć, a tyle radości! Do wieczora, bo wieczorem trzeba było wyjąć szkła kontaktowe. Pytam: Czy pośród longnailsów nie ma krótkowidzów? Jeśli są, to co jest ze mną nie tak, że nijak nie mogłam sobie poradzić? Tak oto dołączyłam kolejną pozycję do listy rzeczy, które nie są dla mnie.

Potem pojawiły się lakiery hybrydowe. W niezliczonej ilości kolorów. Pomyślałam o swoich paznokciach – może i krótkie, ale mogą wyglądać przyzwoicie. Boże jedyny, jaka ja byłam szczęśliwa. Nie mogłam oderwać od nich wzroku, a na koncercie krzyknęłam do mikrofonu: Paznokcie – to są Ludzie; Ludzie, przedstawiam wam moje Paznokcie! Posyłałam im (paznokciom) czułe spojrzenia po każdej piosence. Seks w tradycyjnej odsłonie przestał mnie interesować, wolałam rękodzieło, gdyż obserwowanie, jak dłoń z wypielęgnowanymi paznokciami przesuwa się po fallusie góra–dół i z powrotem, wywoływało rozkosz nieporównywalnie większą. Zresztą fallus nie jest tu istotny, ten sam efekt osiągałam, obejmując dłonią poręcz w tramwaju.

Niestety, po trzykrotnej zmianie koloru skóra wokół płytek zaczęła swędzieć niemożebnie. Po usunięciu lakieru byłam bliska rozpaczy, a nawet omdlenia. Pobojowisko. Ruina. Krajobraz po bitwie. Planeta Ziemia zniszczona przez gatunek ludzki. Płytki paznokciowe w fazie ewakuacji. Dosłownie oderwane w połowie długości od łożyska i niemal krzyczące: Spierdalamy stąd!!! Pomyślałam: Już nigdy nie wydrapię nikomu oczu, już nigdy nie usłyszę: Podrap mnie po plecach. I znów powróciło pytanie: Co jest ze mną nie tak?

Szusując po internecie, można odnieść wrażenie, że wszystkie kobiety na świecie mają zajebiste długie pazury, a jeśli nie długie, to wypielęgnowane i kolorowe. Poczułam skrajną samotność. Wstukałam w przeglądarkę „odchodzące paznokcie w ruinie" i dałam głębokiego nura do sieci.

I tak oto trafiłam na Facebooku do grupy *Uczulone na hybrydę*. Tysiące dziewczyn skoncentrowanych na jednym temacie. Świat równoległy. Poczułam się jak rudy na zjeździe rudzielców, jak gej w San Francisco, jak golas na plaży nudystów, porcelana w składzie porcelany, piwosz na Oktoberfeście, koleś w koszulce Iron Maiden na Metalmanii. Wysyłasz fotografię zmaltretowanych paznokci i natychmiast spieszą ci ze słowami otuchy i z radą te, które rozumieją. Gdyby któraś z nas postanowiła założyć partię UnH, a uczulonych w Polsce byłoby dwadzieścia milionów, z czego wszystkie głosowałyby w wyborach, to wiadomo, kto rządziłby tym krajem. Orzeł miałby szpony oderwane od macierzy.

Tak to się właśnie odbywa – wygrywasz, gdy pod wspólnym sztandarem zgromadzisz tych, których scala ten sam wstyd, ta sama udręka, bliźniacza codzienność. W naszej licznej grupie to zdrowe paznokcie są anomalią, wybrykiem natury. Zdobyłam kolejny dowód na to, że oddzielenie jest iluzją umysłu. Niedawne wyobcowanie rozpłynęło się, gdy odnalazłam sobie podobne.

Samotność też jest iluzją. Można się w niej zatracić, będąc INNYM pośród takich samych, lub rozejrzeć się w poszukiwaniu innych INNYCH. Oni są. Szukajcie.

Jak
odzyskałam
życie

Osobo z internetu, ja nie wiem, co bym bez ciebie zrobiła. Jakże ja jestem wdzięczna, że to twoje oblicze, spośród miliona dostępnych na końcu światłowodu, zawołało mnie wystarczająco donośnie, bym usłyszała. Bożyco sieci, płakałam bezsilna i zagubiona w swojej codzienności. Skubiąc nerwowo skórkę przy paznokciu, wymodliłam cię bezgłośnie, choć żarliwie, i oto jesteś. Pamiętam twoje pierwsze stories. Mówiłaś tak ciepłym głosem, jakbyś przed nagraniem sprawdzała jego temperaturę łokciem, zanim zanurzysz w nim mnie – followerkę. Miałaś wtedy katar, oko pobłyskiwało stanem podgorączkowym. Tylko czekolada może pomóc na ten od świtu zjebany dzień – powiedziałaś, pociągnęłaś nosem i normalnie, po ludzku, przełknęłaś gluta. Choć cała z pikseli, mieszcząca się w okienku telefonu, stałaś mi się bliższa niż ten pełnowymiarowy świat z krwi i kości. Zaraz po przebudzeniu, z posklejanymi snem rzęsami, chwytałam za telefon, by zobaczyć, czy jest coś nowego od ciebie; zawsze było. Uwielbiałam cię za to, że nie każesz mi likwidować cellulitu chińską bańką, że jesz kanapki zamiast ryb z Pacyfiku w drogich knajpach jak inne byty z Insta. Podobało mi się twoje mieszkanie; tak, mieszkanie, a nie apartament, mieszkanie z wersalką zamiast sofy, z dywanem w romby rzuconym na linoleum, a nie na jakieś egzotyczne wenge. Czułam się u ciebie jak u siebie. Pamiętam, napisałam ci w komentarzu, że zapomniałaś przewrócić kartkę ściennego kalendarza, a innym razem, że *Sansevieria trifasciata* nie potrzebuje aż tak intensywnego podlewania. Wzruszyłam się, gdy po czterech miesiącach followania zsynchronizował nam się okres i czułam się o czterdzieści procent mniej wkurwiona w czasie PMS-u, bo ty wkurwiałaś się w synchronii ze mną. Nie szczędziłam ci serduszek, kciuków w górę i tych mordek roześmianych do łez, gdy powiedziałaś coś zabawnego, a trzeba przyznać, że w rozbawianiu jesteś niezrównana. I tak sobie żyłyśmy, dzień za dniem zmierzając razem w kierunku przekwitania. Oczywiście cały czas przybywało ci obserwatorów, co przyprawiało mnie o zazdrosne swędzenie, bo nie chciałam się tobą dzielić. Spostrzegłam też, że coraz częściej w twoich opowieściach o codzienności pojawia się product placement, jak wtedy, gdy zachorował twój synek, a ty jedną ręką poprawiałaś mu kompres na czole, a w drugiej dzierżyłaś słoik z kolorowymi żelkami na odporność. Kiedy słabiutkim głosikiem szepnął: Mama – ty spojrzałaś w kamerkę i powiedziałaś: Mama cię bardzo kocha, skarbie – a później zerknęłaś ciut niżej, by sprawdzić, czy sypią się lajki.

Potem przyszedł dzień, którego nie zapomnę nigdy. Mój mąż, tak samo nieudaczny jak twój, kupił mi na urodziny bilet na spotkanie z tobą. Sprawił mi tak ogromną radość, że zdecydowałam się odłożyć rozmowę o rozwodzie, którą zaplanowałam, gdy powiedziałaś w IGTV, że egzekucja twojego małżeństwa planowana jest na pierwszy tydzień wczesnej jesieni. Biegłam do ciebie tak lekko, jakbym miała niewidzialne sprężyny pod podeszwami. Z pierwszego rzędu, z malinowymi od ekscytacji polikami, słuchałam, jak mówisz: Jestem taką jak wy zwykłą dziewczyną, mocno stąpam po linoleum, po linoleum zmierzam do celu... w tenisówkach polskiej firmy, którą wspieram, bo jest autentycznie polska.

Żałowałam, że stoję w kolejce do ciebie w czeskich balerinach, ale postanowiłam, że pobędę w małżeństwie o tydzień dłużej, byle mąż sprawił mi tenisówki. Przepuściłam dwieście osób, bo chciałam być ostatnia, żebyś miała dla mnie więcej czasu, żebyś teraz ty mogła poznać mnie, jak ja znałam ciebie. Zdołałam tylko wydusić: Dziękuję za te wszystkie lata... Potem mówiłaś tylko ty, tylko o sobie, jakby mnie nie było, jakbym była kamerką, w którą wgapiasz się pustym okiem. Do mnie powiedziałaś jedynie: Mogłabyś jeszcze raz do mojej kamerki powtórzyć, jak bardzo mi dziękujesz?

Po raz pierwszy miałam okazję wejść w niewidzialne pole, które cię otacza, a którego nie sposób poczuć przez ekran telefonu. Jakbym, siedząc na brzegu jeziora, zanurzyła głowę w wodzie. Zanurzyłam głowę w tobie i poczułam w ciele chłód. Moimi żyłami zaczęła płynąć czerwona kra. Zobaczyłam, kim jesteś pod słowotokiem z Instagrama, który nie milknie, nawet gdy spotykasz żywego człowieka. Zobaczyłam, że nie umiesz słuchać, że nie ciekawi cię żadna treść, której sama nie wygenerowałaś. Wróciłam do domu odmieniona. Dotarło do mnie, że każdego dnia spędzałam trzy godziny na oglądaniu ciebie, Bożyco internetu. Uwagę, którą poświęcałam tobie, odbierałam sobie i swoim bliskim. Zrozumiałam, że wszystko jest przez ciebie rejestrowane, nie doświadczane – twoje dziecko i twój mąż, i wszystko inne żywe i nieożywione. Patrzyłam na ciebie, a pająki rozciągały pajęcze nitki pomiędzy moimi meblami. Gdy patrzyłam na ciebie, mój mąż wynosił na śmietnik uschnięte choinki z kolejnych świąt Bożego Narodzenia. Nawet nie pamiętam, czy składaliśmy sobie życzenia, bo patrzyłam, jak ty, ze wzrokiem utkwionym w sam środek obiektywu kamerki, składasz życzenia swojemu mężowi.

Unfollow.

Chwała i cześć bohaterom!

Wszyscy chcemy nadać życiu sens, który pozwoli uchronić je przed zapomnieniem. Staramy się ukończyć życie z wysoką średnią, by otrzymać trumnę z czerwonym paskiem, bo bez niego nie ma co marzyć o dostaniu się na elitarne Powązki czy Wawel. W Święto Zmarłych dociera do nas, jak wielu eksludzi zaliczyło życie na trójkę, bo leżą na zwykłych cmentarzach i tylko rodzina pamięta, że żyli. Są i tacy, którym nie miał kto fundnąć nagrobka z lastryko. Leżą pod zdeptanymi kopcami, z których sterczą przechylone drewniane krzyże z niemożliwymi do odczytania nazwiskami na tabliczkach.

Każdy z nas, zanim się podda, chce zostać „kimś". Kim jest „ktoś"? Wychodzi na to, że „ktoś" jest sławny, ale nie sławą byle jaką, krótkotrwałą lub ograniczoną do śmiesznych kilkunastu tysięcy świadomych jego istnienia. Ogólnopolsko i międzypokoleniowo jest sławny. „Ktoś" powinien wytworzyć coś, co – zakopane w metalowym pudełku – zrobi wrażenie na ludziach, gdy to odkopią w swoich czasach. Może też dokonać jakiegoś czynu z encyklopedii czy lekcji historii, czegoś typu wynalazek, może jakieś odkrycie, ewentualnie zabicie wielu w obronie swoich, w każdym razie chodzi o czyn, po którym pomnik jest oczywistością. Nie jest to niestety łatwe. Większość z nas w okolicy dwudziestego piątego roku życia zdaje sobie sprawę, że wyżej trójczyny nie podskoczy.

I właśnie na to się nie godzę. I czuję się w obowiązku powiedzieć, że z całym szacunkiem dla encyklopedii, historii i Powązek, czyny innych bohaterów robią na mnie wrażenie. Tym większe, że dokonywane są w ciszy i nie idą w ślad za nimi ordery, pomniki i nazwy ulic.

Ci bohaterowie to matki, które rodzą, wiedząc, że dzieci będą chore. To matki, które wytrzymują cierpienie swoich dzieci. To rodzice, którzy nocują na szpitalnej podłodze przy łóżkach na oddziałach dziecięcych. To ci, którzy idą za trumną w kondukcie pogrzebowym, bo przeżyli własne dzieci. To ci wszyscy, którzy słysząc diagnozę lekarską, chcą walczyć o życie. To ludzie, którzy stają w obronie słabszych. To dziewczyna, która siada w ławce z wyklętym przez całą klasę. To chłopiec, który broni matki przed ojcem. To wszyscy ci, którzy przetrwali dzieciństwo w przemocowych domach. Ci, którzy wybierają wolność od nałogów. To kobiety, które potrafią ugotować zupę na gwoździu. To ci, którzy z czułością opiekują się obłożnie chorymi rodzicami, mimo że zaznali od nich kiedyś cierpienia. Ci, którzy rzucają się obcym na ratunek. Wszyscy ci, którzy ciężko pracują, by wygodnie żyło się innym. Wolontariusze w hospicjach. Obrońcy zwierząt. Ci, którzy nie są głusi i obojętni.

Są ludzie, którzy mają umiejętność łagodzenia napięć, wyciszania konfliktów, tacy, którzy jednym zdaniem potrafią pocieszyć w rozpaczy. Są ludzie, którzy umieją słuchać, co wydaje się w tych czasach niezwykłym wyczynem. Czy to nie są bohaterowie?

Boję się, że cichych bohaterów przysypie góra szeleszczących papierów po unboxingu, wznoszona każdego dnia przez tych, którzy z przyodziewku uczynili sprawę rangi światowej, a ze stania przed lustrem zawód, o jakim dziś marzą dzieciaki.

Nie pozwólmy sobie wmówić podziału na wyjątkowych i zwykłych. To nie lajki i liczba followersów decydują o wyjątkowości, choć tym próbuje się obecnie ją mierzyć. W pojedynczej porcji spermy uwalnianej podczas ejakulacji znajduje się kilkadziesiąt milionów plemników. Każdy z nas jest szczególny przez sam fakt zwycięstwa w tym pierwszym szaleńczym wyścigu do matczynego łona. Człowiek, który żył tak, żeby nikomu i niczemu nie zadać cierpienia, potrafił dostrzec urok w codzienności, bezinteresownie przychylał innym nieba, nie czyniąc z tego wszystkiego fragmentu instastory, na Powązkach ani na Wawelu najpewniej nie spocznie, czarno-biała fotografia nie obiegnie w dniu jego śmierci całego internetu, nie poświęcą mu felietonu w radiu ani w telewizji, nie zorganizują koncertu ku jego czci, nie ogłoszą żałoby narodowej, nie uczczą minutą ciszy ani nie oddadzą salw w powietrze. To nieważne. Człowiek ten z całą pewnością zasługuje na trumnę z czerwonym paskiem. Cześć i chwała bohaterom!

Jestem wściekłością

Gdyby ktoś mnie dziś zapytał, kim jestem, odpowiedziałabym, nie zastanawiając się zbyt długo, że Kaśką Nosowską, piosenkarką, matką, kobietą w okresie menopauzy, z nadwagą, o trudnym do zidentyfikowania kolorze włosów, żoną męża Pawła, córką. Z komentarzy wiem, że jestem spoko, taka zwyczajna, taka normalna, taka zabawna, beznadziejna, nienormalna, nieśmieszna, stara. Kim byłam, nim rodzice nadali mi imię? No bo jeszcze nie Kaśką, nie piosenkarką, nie matką, nie kobietą w okresie menopauzy, nie żoną. Jednak nie da się ukryć, że byłam. Patrzę w lustro i myślę, że przez te wszystkie lata nie uległo przemianie tylko jasne spojrzenie oprawione w oczodoły. Może w takim razie jestem jasnym spojrzeniem? Gdyby jednak ktoś szalony wyłupił mi oczy, to kim bym była? Jeśli jestem tym ciężkim ciałem, to czy gdyby odjęto mi lewą nogę, miałabym poczucie, że jest mnie o nogę mniej? Gdyby potem odjęto mi prawą i ręce, to będąc zabandażowanym kadłubem, czułabym, że mniej jestem? A czy gdyby opuścił mnie mąż Paweł, to ubyłoby mnie wraz z nim? Dwadzieścia cztery lata temu nie byłam matką, a byłam. Kim więc, do cholery, jestem? Czasem mówię: Jestem wściekła; można by pomyśleć, że tym jestem, ale przecież ten stan mija, a ja zostaję... Nie jestem też smutkiem, żalem ani tym, co mówią o mnie ludzie, bo gdy przestają mówić, nie znikam, gdy mijają smutek i żal, ja zostaję. Kiedy w kłótni tnę przekleństwami powietrze na oślep i nagle uświadamiam sobie, że to niegodne, a słowa wciąż odbijają się echem od ścian, to kto sobie uświadamia? Kto śni nocą koniec świata? Czy to właśnie ja? No ale jeśli we śnie dociera do mnie, że to sen, czyli jestem śniącą, która wie, że śni, to kim jest ta, która wie? Myślałam, że kiedy myślę, to jestem. Kartezjusz też doznał tego olśnienia i to go zadowoliło, zaprzestał dalszych poszukiwań. Ja jednak musiałam zadać sobie pytanie: Czy w mikropauzie między jedną a drugą myślą znikam? Czy podczas tych rzadkich momentów zawieszenia, kiedy nie myślę zdań ani obrazów, przestaję istnieć? No nie. Nadal jestem. Jeśli nie jestem zbiorem etykiet, tym ciałem, które nie jest jednakowe każdego dnia, to pojawia się pytanie: Czy ktoś w ogóle może powiedzieć, że mnie zna, skoro ja dopiero zaczynam siebie poznawać?

Osoba, którą bywam w świecie, ta, którą widać, słychać, która zmaga się z problemami, czasem cierpi, doświadcza uniesień – to nie ja. Ja skrywam się pod tym wszystkim, nie podlegam czasowi, jestem niewidzialna i cicha, jestem czymś w nieskończonym czymś, czyli jakby wszystkim. Kiedy w świecie wrze, wpadam w szczelinę między myślami, nurkuję w tej ciszy, nie da się mnie złapać, bo niby jak złapać w ciszy kogoś, kto nią jest? Potem wracam i nic nie jest już takie samo jak dawniej. Patrzę na ludzi; są jak sękacze, składają się z miliona warstw. Moje ciało widzi ich ciała i opisy dołączone do ciał. Piosenkarka patrzy na ratownika medycznego, matka na kasjerkę, zabawna w okresie menopauzy na gniewnego patriotę i wiem, że gdybyśmy naraz skoczyli w wyrwę w myślach o sobie nawzajem, stalibyśmy się bliscy sobie bliskością niemożliwą do odczucia przez persony, jakimi jesteśmy na co dzień, bo one, nawet gdy stykają się powierzchnią skóry w uścisku, tkwią w przeświadczeniu o niemożności ostatecznego zlikwidowania dystansu. Ty, który to czytasz, wiedz, że ja wiem, kim jesteś, czuję cię przez skórę, czuję twoje spojrzenie, znam słowa, jakie wypowiadasz, i myśli, które myślisz. Jestem tobą, a ty jesteś mną, jesteśmy sobą nawzajem. Za chwilę znów damy się porwać życiu, pozwolimy napełnić się strachem, zapragniemy kupić wszystko, co jest do kupienia, przekonać do swoich prawd resztę świata, zapłaczemy z rozpaczy, że ktoś nas opuścił, coś nam odebrał, opęta nas chęć zemsty, wylegniemy na ulice, żądając wolności, wskażemy winnych naszego nieszczęścia... Kiedy tak się stanie, a ty pierwszy odzyskasz przytomność, zawołaj mnie przez moje warstwy. Wołaj dopóty, dopóki nie wrócę do siebie, do ciebie, do ciszy.

Duchowatość

Jeśli pomimo ogromu starań czujesz, że duchowość brzmi zbyt dumnie w odniesieniu do twoich praktyk, możesz mówić o duchowatości.

Na komodzie obok patery na owoce, pilotów do sprzętu RTV, gwiazdy betlejemskiej w doniczce i lasu w słoju stoi od jakiegoś czasu figurka Buddy z TK Maxxa. Na parapecie trzymasz Ganeśę, przy którym spalają się paczulowe kadzidełka. Wychowałeś się w rodzinie katolickiej, ale podczas nastoletniego buntu wypowiedziałeś posłuszeństwo zarówno rodzicom, jak i Trójcy Świętej. Zdążyłeś jednak połknąć, wraz z hostią, bakcyla strachu przed wiecznym potępieniem, co sprawia, że nie masz odwagi zdjąć ze ściany krucyfiksu i pozbyć się z szuflady różańca. Zdarza ci się odruchowo przeżegnać, gdy coś cię przestraszy podczas intonowania mantry. Dziecko też ochrzciłeś na wszelki wypadek i żeby Bóg z brodą się nie obraził, ale zawiesiłeś w pokoiku tybetańskie flagi modlitewne, bo Ganeśy dziecko mogłoby się przestraszyć. Do sprzątania włączasz muzykę medytacyjną z YouTube'a. Starasz się medytować, ale usiedzieć dłużej niż minutę potrafisz tylko na fotografii. Cieszysz się na myśl o kursie vipassany, na który wybierasz się – zamiast do Dębek – wraz z grupą znajomych w najbliższe wakacje, bo tam trzeba medytować prawie non stop, przez dziesięć dni, w milczeniu i bez telefonu. Wierzysz, że jak nie będziesz miał wyjścia, to dasz radę.

Nie chodzisz na siłownię, tylko na jogę, bo tam pachnie kadzidełkiem, a nie potem.

Od dawna chcesz napić się ayahuaski, ale na miesiąc przed trzeba odstawić mięso, alkohol, fajki i leki. Mięsa już nie jesz, ale z alkoholem będzie gorzej, bo to aż cztery weekendy bez picia, no a palić po prostu lubisz. W odstawianiu leków nie widzisz większego sensu, bo to pewnie ściema, że się kłócą z ayą. Tyle gadali, że się kłócą z alkoholem, a ty wiesz, że nie, że pełna zgoda.

Na nadgarstku nosisz czerwoną nitkę, jak kabaliści, bo widać, że im się jakoś lepiej żyje, a na pewno są zamożniejsi.

Rozwój duchowy praktykujesz cztery razy w tygodniu. W piątek i sobotę nie, bo imprezy, a w niedzielę to ewentualnie na kacu parę razy się przeżegnasz. Stare dobre *Ojcze Nasz* to jedyne, co pamiętasz nawet w tym stanie, stanie zerowej koncentracji.

Wiesz, że czegoś szukasz. Masz tak wiele pytań, które błagają o odpowiedź. Czujesz, że jest coś więcej niż to, co się wydaje, łakniesz sensu. Czytasz, zagadujesz ludzi, snujesz się po internecie, który zawiera ofertę nie do ogarnięcia podczas jednej wizyty. Równolegle sprawdzasz metody proponowane przez współczesną psychologię i sferę ezo.

Nawet nie wiesz, jak dobrze to znam. Szukam, odkąd pamiętam. Raczej jestem typem pilnej studentki, nie ślizgam się po powierzchni wiedzy, bardziej interesuje mnie esencja przekazu niż kolorowa otoczka. Miałam jednak tendencję do skakania z kierunku na kierunek. Jakiś czas temu stwierdziłam, że przedawkowałam. Ćpałam rozwój duchowy nałogowo. Wciągałam nosem, aplikowałam dożylnie, paliłam w fifce, używałam waporka i bonga, mieszałam z tytoniem w skrętach, a potem skręcałam już bez tytoniu. Otworzyłam na oścież drzwi do pustostanu, który w sobie miałam, i chwilę później była w nim taka impreza z muzyką świata rozkręconą na full i obcojęzycznym tłumem, że wylądowałam w schowku na miotły, trzęsąc się pod jedną z nich.

Kompulsywne objadanie się duchowymi metodami wynika z potrzeby nieodwlekanej w czasie, najlepiej natychmiastowej przemiany. Zagubienie, jakie odczuwamy, jest ogromne, więc oczekiwana przemiana musi być proporcjonalnie spektakularna. Wymaga to niestety wysiłku po wybraniu jednej metody, na co najczęściej nas nie stać, więc szukamy kolejnej, bo a nuż nie trzeba się będzie namęczyć. Nawet jeśli ktoś pracuje pilnie, z wielkim zaangażowaniem, ale po wstępnej fazie subtelnego uwznioślenia, mikrospokoju, odmiennych od dotychczasowych reakcji w relacji ze sobą i światem przeżyje nawrót dawnego zagubienia, to uznaje metodę za nieskuteczną i porzuca ją ze słynnym: „To nie działa" na ustach. Czujesz się źle – szukasz praktyki, która sprawi, że poczujesz się lepiej – zaliczasz porażkę – czujesz się jeszcze gorzej. Dlaczego? Ponieważ wychodzi na to, że skoro na innych działa, a na ciebie nie, to musi być z tobą znacznie gorzej, niż na początku myślałeś.

A może nie ma jednej metody dla wszystkich? A może nie da się raz na zawsze uwolnić od konieczności powstawania z upadku? A może nie trzeba biec ku oświeceniu sprintem? Może nie ma nic złego w spacerze? Czy zauważyliście kiedyś, że zwracamy się w przeróżnych kierunkach, zawsze startując z pozycji niższego? Piękne zdanie drogowskaz przedstawia Ewelina Stępnicka (wpisz w Google): Nie jesteś problemem do rozwiązania, jesteś cudem do odkrycia. Może zamiast ryć na straganach z różnościami, zwrócić się do wewnątrz, do tego miejsca, gdzie pod grubą warstwą odgórnie narzuconych przekonań, powtarzanych przez wieki historii, w każdym z nas ukryty jest odprysk samego Boga, którego rozproszonymi cząstkami jesteśmy? Może każdy z nas jest pojedynczym puzzlem, a wraz z innymi może się ułożyć w boską jednię? Może zagubienie i samotność, jakie odczuwamy, są zagubieniem i samotnością kawałka, którego przeznaczeniem jest złączyć się z innymi kawałkami w całość?

Dlatego otaczaj się wszystkim, co ci pomaga, byle nie utwierdzało cię w poczuciu oddzielenia. Mam wrażenie graniczące z pewnością, że tego nam właśnie potrzeba.

Nie wiem, że nie wiem

Często na pytanie: O czym myślisz? odpowiadamy: Nie wiem. Podobnie na pytanie: Co czujesz? Dużą trudność sprawia nam ubranie w słowa tego, co w nas zachodzi, lub – co wcale nie jest takie rzadkie – kompletnie nie wiemy, co czujemy. To ciekawe, jeśli wziąć pod uwagę, jak często wypowiadamy się na temat innych.

Czy w ogóle można posiąść wiedzę na temat bliźniego? Czy nawet jeśli ograniczymy się wyłącznie do odbierania zmysłowego, możemy stwierdzić, że „wiemy"? Na przykład widzimy, że kobieta nadchodząca z naprzeciwka jest przy kości, ma limo pod okiem, a napotykając nasze spojrzenie, uśmiecha się. W tym momencie do naszego ucha dociera wypowiedziane przez nią: Cudowny dziś dzień! Tak naprawdę wiemy tylko to, co zobaczyło oko i usłyszało ucho. Czemu nie możemy na tej wiedzy poprzestać, uśmiechnąć się w rewanżu za jej uśmiech i pójść w swoją stronę? Bo my już wiemy.

Najczęściej wybieramy taką interpretację, która pozwoli myśleć o kobiecie źle. Grubaska, nie dba o siebie, mąż ją napierdala, ten uśmiech ma sprawić, że nie będzie widać, jaka to patologia, a gada, że cudowny dzień, bo pewnie pijana. Raczej nie myślimy, że: okrągła, bo w ciąży; wczoraj na urodzinach koleżanki, jako jedyna niepijąca, próbowała otworzyć szampana, pochylając się nad butelką, i korek z impetem wystrzelił jej w policzek;

uśmiechnęła się, bo z natury jest pozytywna; dzień ma cudowny, bo wraca od ginekologa, gdzie dowiedziała się, że nosi zdrową dziewczynkę. I chyba niestety nie myślimy, że: nie jest wiotka jak trzcinka, bo pcha kulą w reprezentacji Polski; limo wyskoczyło jej, gdy broniła przed prawdziwymi Polakami studenta z Pakistanu; uśmiecha się, bo wróciła z USA, gdzie wszyscy nawykowo się uśmiechają; dzień ma cudowny, bo właśnie wraca od rodziców, którym odważyła się powiedzieć, że ma dziewczynę, a oni przyjęli to normalnie.

Nagana przodem, pochwała w ogonie. Wystarczy zdjęcie, wyskubana z kontekstu wypowiedź. Czasem wystarczy, że ktoś powie o kimś: To idiota. Już nawet nie potrzebujemy zdjęcia, by wiedzieć, mieć pewność. Jakże wielu mamy w sieci prokuratorów wygłaszających codziennie mowy oskarżycielskie. Laborantów, którzy każdego dnia pobierają materiał z organizmu społeczeństwa, by opisywać przyrost komórek nowotworowych. Wybawców, którzy kilkoma ruchami ostrza z twardej mowy pozbawiają ludzi głów, widząc w tym sprawiedliwość i pożytek dla reszty ludzkości. Raz na jakiś czas namaszczają kogoś na pupila, żeby nie można im było odmówić szlachetności ani wrzucić ich do jednego wora z hejterami.

Od wielkiego dzwonu decydujemy, że ktoś jest w porządku, że miły, prawy, zdolny. I znów wystarczy zdjęcie, fragment wypowiedzi, wspólna impreza, by wiedzieć, mieć pewność. A tak naprawdę nie wiemy nic. Nawet jeśli spytamy u źródła: Kim jesteś? W tych czasach trudno wierzyć, że otrzymamy szczerą odpowiedź. To czasy, w których osobowość zastąpił wizerunek. Większość z nas tworzy persony, za którymi chowa się prawdziwe JA. Bo JA przeważnie jest bardzo kruche, ma siatkę nerwów na wierzchu. Wyjście z ukrycia mogłoby okazać się dla niego bardzo niebezpieczne, a może nawet zabójcze. Wizerunek powinien satysfakcjonować nas samych, ale przede wszystkim mieć atrybuty, które zwiększą szanse na przetrwanie w świecie. Jako że fizyczna obecność nie jest konieczna, by być uznanym za obecnego, decydujemy się na bezpieczne sterowanie własnym awatarem z kanapy. Media społecznościowe i wiadomości tekstowe pozwalają na zminimalizowanie ryzyka wpadki, jaką byłoby uchylenie rąbka tajemnicy, którą jest JA. Fotka, wielokrotnie poprawiany filmik, starannie redagowany wpis, esemes, emotikon, hasztag – w ten sposób sprawujemy kontrolę nad sobą, wierząc, że kontrolujemy również reakcje na nas. Podczas prawdziwego spotkania jeden niefortunny gest, grymas na twarzy, podrygująca stopa, przygarbienie mogą nas zdradzić. Podobnie jak siła głosu, ton, pauza czy zająknięcie podczas wypowiedzi, kiedy to używamy aparatu mowy zamiast klawiatury.

Ilu mamy znajomych, których głosu nie słyszeliśmy od dawna, ilu oglądamy tylko na stop-klatkach? Ilu słyszało nasz śmiech na żywo? Ilu domyśliło się, że płaczemy, patrząc na radosne popisy naszej wirtualnej reprezentacji?

Nie mogę oprzeć się wrażeniu, że wzrost liczby samobójstw, tłok w gabinetach psychiatrycznych, na kozetkach u psychologów, uzależnienia, rozwody – to wszystko są skutki choroby popromiennej, na którą cierpimy po eksplozji bomby atomowej zakłamania.

Co złego jest w naturalności? Czemu tak bardzo odstręcza nas słabość, pomyłka, plama, zagniecenie, zmarszczka, prawda? Czemu od faktów wolimy komentarze? O kim możemy powiedzieć: Naprawdę go znałem? Kto może tak powiedzieć o nas? Komu złożysz kwiaty na grobie, kto w nim spocznie? Człowiek? Twoje o nim wyobrażenie? Awatar, którego posłał w świat? Nad kim zapłaczesz?

Życzę nam zbiorowego oprzytomnienia. Zaufania, które pozwoli bez lęku podwinąć rękawy i obnażyć delikatną skórę przed żywym człowiekiem, a on uczyni przed nami to samo i żadnemu z nas w wyniku tego aktu nie stanie się krzywda. Życzę nam, byśmy dożyli końca awatariady.

Punkt siedzenia

Jeżeli punkt widzenia zależy od punktu siedzenia, to trzeba przyznać, że wszystko jest, jak jest, czyli w porządku. Fakty są następujące. Siedzę przy biurku, wyraźnie czuję powierzchnię krzesła, z którą styka się moje ciało. Nadgarstki dotykają blatu. Widzę, jak myśli opuszczają głowę, przez opuszki palców opadają na klawiaturę i materializują się w postaci słów na ekranie. Słyszę tykanie zegara, nieinwazyjna muzyczka sączy się z głośnika, z piwnicy dobiega dudnienie w metrum trzy czwarte. W polu widzenia znajdują się przedmioty, nie muszę na nie kierować wzroku, bo je znam. Mam chłodne stopy, czuję lekkie napięcie karku, szczęki naciskają na siebie. O, już nie. Oddycham. Czuję, jak pod powierzchnią skóry toczy się we mnie życie. Minuta trwa wieczność, kiedy kurczowo trzymam się TERAZ. Można by nawet powiedzieć, że czas nie istnieje, a tykanie zegara to zaledwie jeden z dźwięków, jakie docierają do ucha. Jest tylko to, co jest. Muszę przyznać, że w bezczasie czuję się dobrze, bezpiecznie, spokojnie. Nie jestem piosenkarką, nie jestem żoną, matką, córką ani obywatelką. Jestem nikim, a jednak czuję bycie jak nigdy.

Miewałam w życiu podobne momenty. Pracowałam kiedyś na poczcie. Co rano kierowniczka przydzielała nam tak zwaną normę – pliki kart zebranych gumką recepturką, z których dane trzeba było wpisać do komputera. Wyrobić normę udawało mi się tylko wtedy, gdy byłam całkowicie skoncentrowana na tym zadaniu. Oko, ręka, ekran. Efektywność miałam tak niezwykłą, że mogłam poprosić o wydanie części normy na następny dzień, co na koniec miesiąca zaowocowałoby premią. Nigdy premii nie otrzymałam, bo zaliczyłam może trzy dni takiej uważności na rok pracy w tej instytucji. Wtedy nie umiałam się chwycić TERAZ, bardzo chętnie chwytałam się brzytwy przeszłości lub przyszłości albo rozpaczy wynikającej z przypisywania teraźniejszości dodatkowych znaczeń oprócz faktycznych. Nie byłam obecna ani trochę. Myślałam o tym, jakie przesrane życie dotąd wiodłam, o tym, że chłopak mnie źle traktuje, że umrę przy tym komputerze niespełniona, że zarobione pieniądze na nic mi nie wystarczą, że będę mieszkała z rodzicami do końca życia, że nikt mnie nie lubi, a w ogóle to pewnie toczy mnie rak. I wciąż nie mogłam się nadziwić, że znów mi urosły paznokcie.

Ile naszego głębokiego nieszczęścia wynika z tej nieobecności, z kompulsywnego dopisywania komentarza do tego, co rzeczywiście zachodzi w danym momencie? Ile procent krzywdy, której poczucie nosimy, wyrządzamy sobie własnoręcznie?

Dziewczyna ma psa, którego kocha bez pamięci. Ostatnio stwierdziła, że nie przeżyje, jeśli on umrze. Jest niemłody. Dziewczyna siedzi z psem na kanapie i pochlipuje. Patrzy na śpiącą, miarowo oddychającą istotę i nie zauważa tego momentu w ich wspólnym życiu. Nie zauważa też swojego chłopaka, który właśnie znad książki posyła jej miłosne spojrzenie. Nie dociera do niej zapach świeczki ani popisy płomienia. Nie pamięta, że marzy o napisaniu książki, a laptop stygnie na komodzie. Pociągając nosem, uciska ciało psa w poszukiwaniu guzów. Niczego nie znajduje, a wybudzony pupil patrzy na nią ze zdziwieniem. Dziewczyna stwierdza, że guzy muszą być głębiej, i decyduje się na wizytę u weterynarza. Przeszukuje fora, by znaleźć najlepszego w mieście. Jadą wszyscy troje na sam kraniec Warszawy i płacą tysiąc złotych za badania, z których nic nie wynika. Po powrocie pies zasypia na kanapie umęczony eskapadą, chłopak znów kocha dziewczynę znad książki, a ona myślą o psim pogrzebie wypycha na zewnątrz pierwszą łzę z całego wodospadu. Nie może zasnąć, bo właśnie przeżyła jeden z najgorszych dni mijającego roku.

Kobieta blisko sześćdziesiątki, w niezłej formie, mechanicznie przełyka kolejne porcje jajecznicy. Odcięta od kubków smakowych nie czuje, że jajecznica jest mocno przesolona. Dorosła córka kobiety wpadła z jednodniową wizytą i chwali się właśnie awansem w pracy. Matka nie patrzy na nią, bo dziewczyna jest zbyt podobna do ojca, który odszedł do innej kobiety czternaście lat wcześniej. Kobieta zapala papierosa, córka krzyczy: Mamo, palisz filtr! Matka gasi papierosa w jajecznicy, zapala następnego. Patrzy przez córkę w stronę przedpokoju i widzi siebie szarpiącą się z mężem. Zaciska odruchowo pięść i szczęki. Skurwysyn – mówi na głos i wypuszcza nerwowo dym. Ta kobieta spędziła czternaście ostatnich lat, patrząc w stronę przedpokoju na siebie szarpiącą się z mężem.

Często mówimy: Boże, jak ten czas leci. Budzimy się na ułamek sekundy w teraźniejszości i nie mamy pojęcia, jak to się stało, że mamy tyle lat, ile mamy. Trzymając niemowlę w ramionach, marzymy o chwili, gdy zacznie chodzić. Ustawicznie nieobecni rejestrujemy ten pierwszy krok aparatem i za chwilę widzimy zrogowaciałe pięty syna, który wkłada buty w rozmiarze 45. Trzylatkowi, który chce się przytulać, każemy czymś się zająć, a sami szukamy mu podstawówki. Nie ma nas w chwili, gdy dzieciak po raz pierwszy wyraźnie posmutniał, bo harujemy na dom pod miastem. Budzimy się, gdy znajdujemy syna z podciętymi żyłami w wannie. I nawet tak tragiczna pobudka nie pomaga, nie dociera do nas nauka z niej płynąca, że życie dzieje się właśnie teraz. Jesteśmy zawsze tam, gdzie nas fizycznie nie ma. Nie bywamy w sobie. Komentujemy życie innych, usuwając kolejne martwe rośliny z własnych koncentracyjnych parapetów. Walczymy o wykluczonych ze społeczeństwa, wykluczając członków z własnych rodzin. Mierzymy puls Polsce, nie czując, że nasz własny zanika.

Kiedy po kilkunastu latach bycia razem za moim obecnie mężem na chwilę zatrzasnęły się drzwi, runął mi świat. Opłakiwałam, co było, i patrzyłam w ciemność przed sobą. Aż przyszedł ten moment, gdy poczułam wyraźnie TERAZ; sprowadzało się do sygnału od pustego żołądka. Świadoma każdego kolejnego kroku udałam się do kuchni, przygotowałam posiłek, a potem zjadłam go – kęs po kęsie – przytomna. Gdy przytrzymałam się siebie, poczułam spokój. W danym momencie czułam jedynie, jak pośladki stykają się z kanapą, zegar tyka, czasu nie ma, podobnie jak partnera, Polski, celebrytów, kontynentów. Ja i pełnia życia pod moją skórą.

PS Wszystko jest w porządku, jesteś bezpieczna(-ny), bo TERAZ czytasz to zdanie. Nic więcej nie ma.

Samoobrona

Budzę się. Psy rozkosznie pochrapują. Jest słonecznie, choć mroźno. Wiem, bo mroźne powietrze staje się widoczne dla uważnego oka. Trenuję uważność, studiując pilnie krajobraz za oknem. Dziś klon jest prawie nagi. Ktoś powie, że przecież rozebrał się w listopadzie, ale ja widzę, że tego dnia narzucił na pień srebrzystą podomkę, spod której jego nagość jedynie prześwituje. Dotykam wzrokiem regału z książkami, zamkniętych w witrynie bibelotów, abażuru ze złotymi frędzlami. Uśmiecham się do pierwszego w dorosłym życiu biurka, przy którym zasiadam z radością i bez przymusu. Lubię ten pokój, lubię ten dom. Wstaję. Mogłabym wstawać z ciut większą gracją, ale cieszy mnie sama możliwość podniesienia się samodzielnie z łóżka. Robię kawę. Dziś nie muszę nawet się ubierać. Siadam na kanapie w salonie, który nie jest już skandynawsko biały, a bardzo, bardzo kolorowy. Patrzę z zachwytem, jak pięknie rosną mi kwiaty. Odkąd mam szczęśliwą rękę do siebie, mam i do nich. Chcą pić. Wiem, bo pragnienie kwiatów staje się słyszalne dla uważnego ucha. Wielokrotnie napełniam konewkę, tyle ich jest. To dobry dzień. Jestem szczęśliwa. Ktoś powie, że przecież nic szczególnego się nie wydarzyło, a ja czuję, że jak dotąd szczególne jest wszystko.

Wielu postanawia w takiej chwili wziąć do ręki telefon, odwiedzić znajomych na Facebooku. Koleżanka ma migrenę. Pies innej guz nadnercza. Kolega chwali płytę artysty, pisząc, że ten, którego chwalił przed tygodniem, może pakować manatki. Inny opisuje senny koszmar. Dowiadujesz się, że Australia spłonęła już cała, Andrzej z Krakowskiego Przedmieścia nie lubi obcych języków, mizogin w skórze dziennikarza wyżył się na aktorce, autorka bestsellera – i ci, którzy ją czytają – to obraza dla kultury wysokiej, widzisz zdjęcia dręczonych zwierząt, wstydzisz się, że jesz mięso, przeglądasz artykuł o maltretowanym dziecku, czytasz, że homofob pobił geja, gej uraził katolika, koronawirus jest już blisko, Andrzej z Krakowskiego Przedmieścia ma problem z in vitro, aktor się sprzedał, komuś reaktywacja ABBY przypomniała, że nigdy ABBY nie lubił, tamta się nie szanuje, ten ostrzega, że usunie wszystkich, którzy mają inne zdanie, tamten miesza z błotem wszystkich z wyjątkiem tych, którzy lajkują jego wpisy mieszające z błotem wszystkich, a wszyscy jak jeden mąż odnoszą się do wszystkiego, co piszą wszyscy pozostali – tym chętniej, jeśli mogą się do czegoś przypierdolić, z czymś nie zgodzić. Tyle tam bólu, tyle nienawiści, braku empatii, szacunku dla drugiego człowieka, frustracji, pretensji, wyższości, pogardy. Ci z lewa, ci z prawa, wszyscy jednakowo palcem wskazującym, jak sama nazwa wskazuje, wskazują tych, którzy bezzwłocznie powinni opuścić tę planetę. Jakby cię podpięto do kroplówki, z której sączy się do krwiobiegu, kropla po kropli, trucizna. Jakby podano ci worek z chemią, która nie zwalcza raka, tylko ma za zadanie wybić do ostatniej wszystkie zdrowe komórki w twoim ciele. Uciekasz stamtąd.

Włączasz telewizor. Reklamy. Leki, leki, leki. Szczęśliwa kobieta w samochodzie, na który niewielu stać, i już wiesz, że bez niego nie będziesz szczęśliwy. Wsiadasz do autobusu, czujesz się przegrany. Starsza pani się cieszy, że nie sprawi rodzinie kłopotu, umierając, bo może sobie sama uskładać na trumnę, a ty wiesz, że twoja matka nie składa, więc musisz składać ty; na jej trumnę i na swoją, bo ty tego kłopotu dzieciom nie sprawisz. Roześmiana rodzina 2+2 zasiada do wspólnego śniadania i zaczynasz wierzyć, że wystarczy mieć ten serek, a twoją rodzinę ominą kłopoty. A może serek nie wystarczy – myślisz – może chodzi o serek i całą zastawę stołową? Może jednak o serek, zastawę i nową żonę? Bo ta twoja jest bez przerwy naburmuszona i nie taka szczupła, a dzieci pyskują i nie chcą się uczyć. I żadne z nich się do ciebie od lat nie uśmiecha z rana. Ty do nich zresztą też nie.

Wiadomości. Na jednym kanale mówią, że wszystko jest wspaniale, a jedyny problem to ci kłamcy i złodzieje z opozycji, że gospodarka się rozwija, a sądy wreszcie będą cię bronić jak należy. Przełączasz na inny kanał, a tam również po polsku mówią, że dramat, że chamstwo u władzy, że tak źle nie było jeszcze nigdy, że prezydent ma w zadzie dziurę, w którą prezes wkłada rękę i steruje nim jak pacynką, straszą wojną domową. Wojną straszą zresztą na wszystkich kanałach. Nie wiesz więc, czy zostać, czy uciekać z kraju. A jeśli uciekać, to dokąd? Na razie uciekasz do telewizji śniadaniowej. Tam mówią o raku, grypie i potrawach z dyni. Dowiadujesz się, że jesteś niemodny, a to, że w wywiadzie rodzinnym nie masz raka prostaty, nie oznacza, że kiedyś nie będziesz miał. Zachwalają szczepienia dla dzieci, ale przecież w internecie czytałeś, że powodują autyzm albo zabijają. Trzech kolesi mówi, jak poderwać dziewczynę. Mleko znów jest niezdrowe, lodowce topią się nieustannie. Na koniec zespół gra i śpiewa o miłości.

Wskakujesz na Instagram. Patrzysz, jak ludzie się ubierają, co jedzą. Widzisz, jak pięknie jest na Bali, oglądasz zabawne labradory. Wszyscy są ładni, gładcy, mają fajnie w domach. Czujesz się skołowany, boisz się tego, czym straszą, przeraża cię ilość dóbr, których jeszcze nie masz. Czujesz się bardzo źle. Czujesz się nic niewart. Wiesz, że zawiodłeś, zawiodłeś siebie i innych. I boisz się. Już sam nie wiesz czego. Od rana, przez cały dzień, do nocy.

Człowiek, który się boi, ucieka, walczy lub zastyga w stuporze. Myślisz, jak można uciec. Można uciec w używki, zakupy, jeśli cię stać, w seks, gry, religię, w chorobę, a nawet w śmierć. Zastanawiasz się, jak walczyć. Można krzyczeć z krzyczącymi, bić z bijącymi, kraść z kradnącymi, pracować jeszcze ciężej, jeszcze bardziej się starać. Wybierasz stupor. Wyłączasz zmysły. Jesteś, wykonujesz mikroruchy w pościeli, ale nie żyjesz.

Jest też inna droga. Samoobrona. Postanawiasz odciąć się od wszystkiego, co pochodzi z zewnątrz, a wiesz, że ci szkodzi. Bo wiesz, co ci szkodzi, jesteś w stanie poczuć obecność tego w ciele, a przede wszystkim w umyśle. Stanowczo eliminujesz z codzienności wszystko, co sprawia, że gaśniesz, że czujesz dyskomfort. Chronisz się ciszą przed szalejącymi na zewnątrz mentalnymi wirusami.

Ktoś to sprawdził, a ja postanowiłam zastosować. Wybieram. Oglądam tylko filmy, i to takie, które inspirują do bycia lepszym człowiekiem. W sieci szukam wyłącznie treści, które pomagają mi trwać w spokoju. Nie słucham tych, którzy twierdzą, że czegoś mi brak. Wiem, że dźwignią handlu jest strach. Wiem, że wszystkie systemy, dzięki którym funkcjonuje ten świat, właśnie naszym strachem są zasilane. Nie interesuję się ludźmi, którzy mają ciemną, niską energię – nie obserwuję ich, nie czytam. W samotności i ciszy, gdy resztki starej trucizny wyparują, uczymy się wrażliwości, która pozwala błyskawicznie rozpoznać ten mrok. I choć czasami trudno w to uwierzyć, po tej planecie wciąż chodzą ludzie, którzy pragną, by świat ozdrowiał. Szukam ich nieustannie. Bardzo chciałabym, by kiedyś zobaczono we mnie jednego z nich.

Jest 22.54, a ja czuję się tak samo dobrze jak rano. Nie będę galernikiem, który zamknięty pod pokładem wiosłuje, by stara galera dotarła do brzegu kolejnej krainy, jaką splądrują i zniszczą chodzący po pokładzie.

Tętent końskich kopyt w głowie

Myśli. Kiedy widzisz mnie siedzącą nieruchomo na krześle, możesz mieć pewność, że w skorupie czaszki odbywam podróże. Obiektywnie rzecz biorąc, nic się nie dzieje. Siedzę, wokół porządek. W mieszkaniu przyjemne dwadzieścia stopni Celsjusza. Mąż biega palcami po gryfie gitary w poszukiwaniu urzekającej melodii. Jest dobrze.

Tymczasem w głowie ruch jak na ulicy w Hanoi. Są ludzie, którzy na pytanie: O czym myślisz? odpowiadają: O niczym. Czy to jest w ogóle możliwe? Jeśli tak, jeśli bez długoletniej praktyki medytacyjnej można zatrzymać strumień myśli, to musiałam chyba kiedyś uderzyć się w głowę i coś w niej zepsuć, bo mój płynie wartko. I żeby to chociaż były przyjemne myśli. O fascynującym życiu pszczół, o bawiących się szczeniakach, o przepisach kulinarnych, urządzaniu mieszkań, tworzeniu warzywnika czy o kierunku przyszłorocznych wakacji… Ale nic z tych rzeczy. Może przedstawię przykładowy strumień z lutego 2020 roku.

Koronawirus. Jak blisko jest Polski. Nie mamy masek. Wczoraj byłam w sklepie, a przecież ktoś, kto też tam był, mógł mieć dzieciaka na studiach w Chinach i może właśnie ten dzieciak przyleciał do domu w odwiedziny i kichnął matce wirusem, a ona wciągnęła go, biorąc oddech, i teraz przyniosła do sklepu. O! To mogła być ta babka, która poprosiła, bym zajęła jej miejsce w kolejce! No pięknie, kurwa, pięknie. Na bank to mam. Nawet nie spisałam testamentu. Czy mąż wraz z synem zadbają o moją matkę, gdy umrę? A jeśli umrzemy naraz? To państwo sprzeniewierzy mój marny majątek? No a jeśli umrę sama, to co mąż zrobi z moimi ubraniami? Jest ich tak dużo, ale nikt nie zechce po trupie nosić. Nie zaniosłam ich na wymiankę u koleżanki, bo nikogo nie znałam i się wstydziłam, a poza tym tam przychodzi ta recenzentka, która zniszczyła w recenzji moją poprzednią książkę, a właściwie mnie samą, dała mi zero na dziesięć jako człowiekowi, więc mnie nie znosi i nie poleca, a jest chyba jedyną otyłą wśród koleżanek gospodyni, więc na nią by pasowały moje plandeki, no ale nie zechce, bo nie znosi, a jeszcze do tego po trupie, to już na pewno nie weźmie. Może nie lubi kobiet, dlatego mnie zjebała, ale nie, bo przecież Żulczyka też. Może nikogo nie lubi? Zresztą te recenzje to bezsens. Nie ma obiektywnej recenzji, są tylko subiektywne, to oczywiste, więc jeśli recenzent ma inny gust niż ja, to sugerując się jego opinią, mogę przegapić film lub płytę albo książkę, które miałyby szansę odmienić moje życie, choć według punktacji ich pojawienie się na świecie jest dla świata obelgą. O matko, boli mnie łokieć. Od tygodnia boli. To pewnie rak, a w najlepszym wypadku menopauza. Dobrze, że jest. Wszystkie objawy różnych raków znajdują się na liście objawów menopauzy. To fajnie, bo z dwojga złego wybieram menopauzę. Czy tu jest gorąco? Strasznie mi gorąco, a przecież na termometrze dwadzieścia. Starość, to starość właśnie. Jeszcze się człowiek porządnie nie nażył, a tu trzeba się żegnać. Ciekawe, czy już wyplułam ostatnie jajo. Może jeszcze z jedno zostało? Może warto zamrozić ostatnie jajo na wszelki wypadek? Ale po co? Gdybym teraz zaszła w ciążę, to miałabym siedemdziesiątkę, gdy dzieciak robiłby maturę. W szkole by pytali, czemu babka przychodzi, a nie matka. Śmialiby się z dzieciaka, współczuliby mu. Ja już nie rozumiem młodzieży, a z każdym rokiem będę rozumiała mniej. No i z czego dzieciaka utrzymam? Może jeszcze z pięć lat pośpiewam, przy dobrych wiatrach, a potem co? Emerytury nie będę miała przecież. Z głodu umrzemy. Może zacznę jakieś puszki gromadzić? I sypkie? To ma datę ważności? Może na stare lata nie będę już tak żarłoczna, to wystarczy do śmierci. Schudnę może nawet. W sumie szkoda, że tak późno, bo na okładce żadnej już tego nie uwiecznią. Starych nie uwieczniają. Nawet chudych. Czy po Złotym Fryderyku za całokształt ktoś dostał kolejnego, zwykłego? Przecież już pięć lat temu chcieli mi wręczyć. Czy można wtedy jeszcze nagrywać? Złoty Fryderyk to jak zakaz wykonywania zawodu. Boże, żeby mi nie wręczyli, bo trzeba będzie natychmiast przejść na puszki i sypkie. Mąż przestał grać. Cicho jest. Ciekawe, co robi? Może z kimś esemesuje? Może z babą jaką? No i dobrze. Niech się zabezpiecza. Może jest młodsza, ma więcej jaj w kurniku. W piłkę z dzieciakami to on już nie pogra, bo stary, coraz starszy, ale przynajmniej nosicieli nazwiska więcej pozostawi. Tylko po co było to zawracanie dupy ze ślubem? Może warto się rozwieść? Może skoro ma flamę, to uda się podczas jednej rozprawy, za obopólną zgodą? A jeśli zamieszkają ze mną? I wcisną mnie do najmniejszego pokoju? I flama będzie mnie podtruwać, żebym umarła i przestała się plątać pod nogami? Będzie odkręcać kurki w kuchence, a potem mówić mężowi mojemu byłemu, że to ja odkręcam, że to pewnie demencja i że dla mojego dobra lepiej umieścić mnie w przytułku. On jej uwierzy i zacznie szukać miejsca, ale wcześniej będzie mnie przywiązywał do kaloryfera, żebym domu nie puściła z dymem. A ona będzie się demonicznie uśmiechała, gdy mój były mąż nie będzie patrzył. A te ich dzieci będą rozciągały żyłkę w korytarzu, żebym się wypierdoliła. Będą mi mazały markerami po twarzy, gdy będę spała; kutasy i trupie czachy na twarzy niezmywalnym markerem będą rysowały. Ale się urządziłam. Z tym ślubem się urządziłam.

To tylko jeden z przykładów. Najbardziej męczące są strumienie, których bieg wyznacza wewnętrzny krytyk. Pomimo mojej intensywnej pracy nad sobą raz na jakiś czas dorywa się do głosu i wyśpiewuje starą śpiewkę. Zauważam go błyskawicznie i potrafię skutecznie spacyfikować, bo wiem, że to echo dzieciństwa. Bywa jednak, że świadomość przysypia na moment i wtedy udaje mu się kilka zwrotek odśpiewać. Brzmi to mniej więcej tak:

I po co ja się w ogóle odzywałam? Mogłam siedzieć cicho. Zawsze muszę palnąć jakąś głupotę. Pewnie się teraz obrazi. No i słusznie. To w końcu nie moja sprawa, że wrzeszczy na żonę. Ona się nie broniła. Może taki mają styl. Co ja tam wiem o życiu. Sama pozwalałam się źle traktować. I dobrze mi tak. Jestem idiotką, to mam. Powinnam się cieszyć, że w ogóle na mnie spojrzał. Tyle sto razy lepszych wokół. Beznadziejna jestem. Nawet nie potrafię sprzedać stadionu. Bo gówniane piosenki śpiewam. Nic dziwnego, że nikt tego nie chce słuchać. Z czym do ludzi. Na dodatek gruba, stara i brzydka. Zero na dziesięć.

To jeśli świadomość przysnęła na dłuższą chwilę. Szczerze mówiąc, to na tak długo już nie zasypia. Po „palnąć jakąś głupotę" wyszłabym ze stanu zombi, w którym realizuję stary schemat besztania się i poniżania. Świadomość. To ona jest budzikiem dla umysłu. Marzę, by doczekać chwili, gdy będę świadoma permanentnie. Pragnę całym sercem ciszy, wolności od myśli – niechby się pojawiały tylko na wyraźne zaproszenie, a ich tematyka była niczym kolejne dmuchnięcia w żar mojego jestestwa, by zapłonęło równym, jasnym płomieniem. Dlatego często, jak radzą mądrzy ludzie, chwytam się oddechu. Śledzę uważnie jego drogę od nozdrzy aż do dna brzucha i z powrotem, słucham, jak poświstuje, słucham, jak brzmi wdech i wydech, czuję, jak trzyma mnie przy życiu niezmiennie od tylu lat, nawet wtedy, gdy daję się porwać nieprzytomnym myślom, on, oddech, jest – powtarzalny, niezmienny. Kiedy myślę o nim, o tym cudzie, wtedy właśnie dmucham w żar. Wypełnia mnie niezwykłe wzruszenie i czysta łagodność. Jestem żywa jak nigdy, jak nigdy obecna.

Jeszcze tylko to i będę szczęśliwa

Doskonale pamiętam dzień, kiedy mój piętnastoletni syn prawdziwie strapiony rzekł: Mamo, boję się. Przeświadczona o nieumiejętności bycia matką doskonałą, z plecami zaokrąglonymi od dźwigania ciężaru poczucia winy, spojrzałam na niego w oczekiwaniu na mowę oskarżycielską. Boję się przyszłości, nie wiem, co mam robić w życiu, kontynuował. Natychmiast poczułam, jak niewidzialną, lecz nadal łączącą nas pępowiną płynie do mnie jego strach. Przedtem myślałam, że za wcześnie na planowanie przyszłości, że jeszcze nie czas. Szybko przypomniałam sobie siebie piętnastoletnią – i ja, dokładnie w tym wieku, po raz pierwszy spróbowałam wyobrazić sobie dorosłość. W tej wyjątkowej przestrzeni umysłu – wyobraźni – gdzie z zasady nie istnieją ograniczenia, nie zdołałam dojrzeć żadnych kształtów, zobaczyłam jedynie ciemność.

Mój syn bał się, bo nie wiedział, co ma robić w życiu, żeby było go na nie stać. Zastanawiam się, kiedy dociera do nas, że plan na życie, jakkolwiek wygląda w szczegółach, ma sens, gdy prowadzi do spełnienia finansowego. Nikt, myśląc o pracy, nie widzi siebie promieniejącego szczęściem przy biurku. Raczej promienieje się na kanapie w salonie, we własnej willi. Gdy myślimy o miłości, to też raczej ładnymi obrazami – oto z wybrankiem czy wybranką tańczymy fajnie ubrani albo spacerujemy w tropikach.

Seksu w wyobraźni nie uprawiamy na kartonach w zsypie ani w przytułku dla bezdomnych. Nasze marzenia są bardzo kosztowne, a raczej kosztowna byłaby ich realizacja. Nie wiemy co, nie wiemy jak, ale doskonale zdajemy sobie sprawę, że zrobimy wszystko, co w naszej mocy, by było nas stać. Wyjść na ludzi nie znaczy być dobrym, zdrowym, stabilnym emocjonalnie. Znaczy mieć na wszystko, czego dusza zapragnie. Wielu z nas niestety nie ma, co sprawia, że wiecznie stoimy w kolejce po szczęście. Czasem próbujemy cieszyć się małym szczęściem, ale zawsze wyglądamy okazji, by zaznać wreszcie wielkiego.

Małe szczęście to na przykład wyszperać sobie coś w second-handzie zamiast kupić nowe. Sieciówka zamiast domu mody. TK Maxx zamiast Vitkaca. Doniczki na parapecie zamiast ogrodu. Butelki z wodą zamiast hantli. Wódka zamiast koniaku. Biblioteka, nie księgarnia. Egipt, nie Malediwy. Kąpiel przy świeczce zamiast spa. Tanie linie *versus* klasa biznes. Z przesiadką *versus* bezpośrednio. Łóżko piętrowe *versus* własny pokój. Pojedyncza róża *versus* salon w kwiatach. Cyrkonia zamiast diamentu. Rozkładana kanapa zamiast sypialni. I tak dalej.

Potrafimy się cieszyć tym, co mamy, ale dwa razy w tygodniu skreślamy sześć cyfr w nadziei na wygraną, bo przecież zawsze może być lepiej. Czy nie dostrzegacie w tym pułapki? Rzeczywiście zawsze może być lepiej. Jeżeli z mieszkania rodziców uda nam się pójść na swoje, do kawalerki, a potem zarobimy na trzypokojowe, a potem na segment, a potem na wolnostojący, to nadal nie jesteśmy w domu. Zwróćcie uwagę na tych najbogatszych. Mają kilka domów rozsianych po świecie. Mają pękające w szwach garderoby, ale dwa razy w roku okupują pierwsze rzędy pokazów mody, by zapragnąć kolejnych ciuchów. Słyszycie o zamożnych kobietach, które mają po trzysta par butów i wciąż powiększają kolekcję. O facetach, którzy zatrudniają dziesięciu chłopców do polerowania karoserii aut. Po jednym na auto. Pewnie słyszycie też o bogaczach, którzy siedzą na odwykach, walczą z depresją, popełniają samobójstwa. Myślicie wtedy: W dupach się poprzewracało, mieć wszystko i być tak skrajnie niewdzięcznym – skandal! Jesteśmy przekonani, że gdyby prawdziwe bogactwo przytrafiło się nam, to wiedzielibyśmy, jak się z nim obchodzić, a na pewno wreszcie czulibyśmy się naprawdę szczęśliwi.

Nadal zdarza mi się wierzyć, że gdybym miała ogromnie, ogromnie dużo pieniędzy, to podmuch powietrza z „uff", które wyrwałoby mi się z ust, położyłby trawę na pobliskim skwerku. Myślę, że poczułabym się wreszcie bezpiecznie. Rozwiązałabym problemy wszystkich potrzebujących, a najpierw zabezpieczyłabym rodzinę i przyjaciół. Tak, zdarza mi się wierzyć. Coraz rzadziej. Podczas nawrotów dawnego zaburzonego myślenia, których niestety, gdy stracę czujność, nadal doświadczam. Zdarzyło mi się zarobić dużo pieniędzy. Jakież było moje zdziwienie, gdy okazało się, że nadal potrafi się do mnie przyplątać atak paniki, przejmujący smutek, nagły szloch.

Zaszalałam i kupiłam sobie sporo butów i plandek, filiżanek, poduszek i lampek. Przestraszyłam się, kiedy uświadomiłam sobie, że chodzę w tej samej bluzie, omijam nowości, a jednocześnie nadal rozglądam się w poszukiwaniu kolejnych. Zrozumiałam, że przecież nie wychodzę z domu, a nawet gdybym wychodziła, to nie da rady tego wszystkiego znosić. Uświadomiłam sobie, że za chwilę będę potrzebowała większego mieszkania, by to pomieścić. Przede wszystkim zaś dotarło do mnie, że to nie działa, nie tego szukam, nie to sprawi, że zbliżę się do szczęścia. Niematerialnego lochu nie da się wypełnić cząstkami materii.

I znów dostrzegłam pewien schemat. Pokazuje się nam ofertę, karnie podchodzimy do zaprzęgu, pracujemy ciężko, jeszcze ciężej, by zarobić, by móc kupić. Wydajemy to, co zarobiliśmy, a tu atakuje nas kolejna oferta, więc pracujemy, by i na nią było nas stać. Mijają lata, a w nas nieustannie podtrzymywany jest głód. Nie zauważamy absurdu w niecałych trzydziestu dniach urlopu. Wolni ludzie harują cały rok, całe życie, by kupować więcej i więcej, a potem umierają i zostawiają ciało na stercie przedmiotów, pośród których jest kilka fotografii z krótkich wakacji.

Wiecie, kiedy czułam się najszczęśliwsza? Wystawiając twarz do słońca, wdychając zapach letniego powietrza po deszczu, brodząc w płytkiej wodzie, po szczerej rozmowie z synem, nieskrępowanym milczeniu we dwoje, budzona przez gramolące się na głowę psy i wtedy, gdy któreś z was powiedziało, że to, co robię, czyni codzienność milszą. I w przeciwieństwie do rzeczy, które można kupić, nic z tego, co powyżej, nigdy mi się nie znudziło, nie spowszedniało. I tylko tego pragnę.

Jeśli wierzycie, że pieniądze zagwarantują wam szczęście, to znaczy, że w kwietniu odprowadzacie podatek od szczęścia. Coś tu nie gra.

Jak polubić kota sąsiada?

Sąsiad lubi mieć kota. Kot stąpa bezszelestnie, więc cieszy tylko oko. Przechadza się w polu widzenia sąsiada, robiąc kocim ciałem tunele w gęstym od kurzu powietrzu. Sąsiad ma kota, bo kot jest niezobowiązujący. Spokojnie wytrzyma kilka dni bez jedzenia, co jest wspaniałe, bo sąsiad jest zarobiony, pracę ma wyjazdową. Kot ma kuwetę, ale gdy sąsiad wyjeżdża, kuwetą staje się całe mieszkanie. Gdyby kot mógł wytrzymać bez jedzenia trzy lata, to sąsiad mógłby na trzy lata wyjechać, bo miejsca do srania ma całe sto metrów kwadratowych. Wszystko byłoby dobrze, gdyby kot był kotem stacjonarnym. Nie jest. Lubi bywać w świecie. Gdy sąsiad wraca z delegacji, kot czmycha mu między nogami, daje dyla schodami w dół, siada w kącie przy skrzynce na listy i cierpliwie czeka, aż ktoś otworzy drzwi wyjściowe. Potem cały Mokotów jest jego. Kot chętnie bywa w drapa(r)ku Dreszera, gdzie piłuje pazury na korze drzew. Ociera się o antyżylakowe lub cieliste rajstopy staruszek plotkujących grupami na ławkach. Poluje na wróble. Śmiga między pędzącymi samochodami, lubi, gdy opona muśnie mu sierść, a wkurzony kierowca wrzaskiem klaksonu i głośnym „kurwa" złoży hołd jego nadkociemu sprytowi. Gdy kot zrobi rundę po okolicy, zbije piątki z innymi niestacjonarnymi, wraca.

Ja nie lubię mieć kota, więc nie mam. Źródło tej jawnej antypatii nie jest mi znane. Całej mojej licznej familii z kotami po drodze. W maminych opowieściach często powracał jej osobisty kot, który nie potrzebował kuwety, bo potrafił z gracją załatwiać się do sedesu. Trochę wzruszają mnie filmiki z kociętami, ale w bezpośredniej bliskości kota przechodzi mnie nieprzyjemny dreszcz. W kocim spojrzeniu wyczuwam pogardę, mruczenie znajduje się w tym samym worze doznań słuchowych co jazda widelca po powierzchni aluminiowej patelni lub styropianu po szybie. Gdy kot się o mnie otrze lub, nie daj Boże, zacznie ugniatać łapami moje udo, czuję się molestowana, odbieram to jako zły dotyk. Starość w otoczeniu wielu kotów brzmi niczym preludium do piekielnej symfonii, gdzie po zrzuceniu ciała człowiek w ramach kary za ziemskie przewinienia leży pośród kotów przez całą wieczność.

Dwadzieścia lat temu miałam kota. Pewna znajoma chciała utopić cały miot, więc w kilka osób postanowiliśmy uratować maluchy od zagłady. Pod mój dach trafiła mała, trójkolorowa kotka. Postanowiłam zdusić w sobie strach, a może nawet pozwolić na jego uleczenie. Bez powodzenia. Japońscy naukowcy stwierdzili (tak czytałam), że koty skrycie nie znoszą ludzi. Nasza nie znosiła jawnie. Baliśmy się jej wszyscy. Brała nas z rozpędu – gnała przez długi przedpokój, by rzucić się z pazurami i zębami na nogę czy głowę któregoś z nas. Pewnego letniego popołudnia zniknęła, pozostawiając w ogródku (mieszkałam wtedy czy wsi) dwie rozszarpane kury. Mój mały wtedy synek dostał je w podarku od dwóch Ukrainców, którzy… Ale o tym innym razem.

Wracając do kota sąsiada. Otóż kiedy wraca z miejskiego wypadu, lubi wskoczyć do mnie z niezapowiedzianą wizytą. Mieszkam na parterze, co czyni trasę powrotu logiczną. Nie puka do drzwi. Wchodzi przez balkon, a kiedy ten jest zamknięty, ładuje się do środka przez lekko uchylone okno. Moje dwa rozespane z natury mopsy nie reagują, nie ostrzegają, że kot właśnie się znalazł „na obiekcie". Po tym jak wielokrotnie przeżyłam szczątkowy zawał serca, natknąwszy się na pręgowanego intruza, który co gorsza lubi siknąć tu i ówdzie, zainstalować odchody w stołowym, naznaczyć szorstkim językiem pozostawione bez przykrycia masło, czuję się w domu notorycznie spięta. Podczas czytania co chwilę podnoszę wzrok znad tekstu, skanuję nerwowo otoczenie, bo bezszelestny może pojawić się w każdej chwili. Nie czytam w związku z tym tak szybko jak dawniej. Najpierw zapalam światło, przez chwilę tupię, a dopiero potem wchodzę na przykład do łazienki, cały czas zachowując jak największą czujność. Staram się zamykać okna i balkon, ale latem nie da się tak żyć.

Jakiś czas temu postanowiłam porozmawiać z sąsiadem, opowiedzieć mu o swoim lęku, zrelacjonować nieznośną codzienność. W odpowiedzi usłyszałam: Mój kot lubi wychodzić, mam mu zabronić¿! To jest wolny kraj. Nie dam sobie ograniczyć wolności i kotu temu, memu. Pierdolę to.

Ale ja to rozumiem, ja tylko chciałabym z mojej wolności skorzystać i tylko na terenie mojego mieszkania. Odpuszczam resztę wolnego kraju na rzecz pana i kota pana.

To kot przecież tylko. Niech pani po prostu spróbuje polubić koty. Są super, niewymagające, tydzień bez jedzenia dają radę, a do tego inteligentne sukinkoty! Nie to, co te pani karakany z nosami wciśniętymi do środka łba.

Przypomniałam sobie natychmiast *Pawła i Gawła* Fredry, z tym że mój sąsiad poszedł dalej, kwitując naszą wymianę zdań stwierdzeniem: Wolnoć, Tomku, w swoim i TWOIM domku.

Od kilku tygodni siedzę i zastanawiam się, jak w tej sytuacji osiągnąć kompromis, gdzie znajduje się pół drogi, miejsce, w którym możemy się spotkać. Wymyślam odpowiedzi na jego: Niech pani spróbuje polubić koty.

Niech pan znielubi koty.

Niech pan kota wypcha, to nie będzie mi sikał, a bez karmienia wytrzyma wieczność.

Niech pan nauczy kota pukać, to nie otworzę i problem rozwiązany.

Niech pan powie kotu, że świat jest podły, to może zrezygnuje z wypadów.

Niech pan sprawi kotu podkute metalem buciki, żeby było wiadomo, że nadchodzi.

Może zechce pan płacić za szkody.

Pomyślałam też, że mogę spróbować skłonić go do refleksji, stosując jego własne podejście.

Sąsiad protestował przeciw przyjmowaniu uchodźców, bo nie lubi uchodźców, toleruje tylko białych, śnieżnobiałych, ewentualnie écru. Zapraszam więc do mieszkania uchodźców, bo nie protestowałam, bo lubię ludzi wszystkich kolorów skóry. I oni, dajmy na to, codziennie wchodzą do sąsiada przez okno, rozkładają się na kanapie i oglądają sport w telewizji albo kąpią się w jego wannie, bo jest wygodniejsza niż moja. Gdy sąsiad przychodzi do mnie z pretensjami, ja mówię: Proszę polubić nowych sąsiadów. Nie chcę ograniczać ich wolności, a oni lubią u pana oglądać telewizję i zażywać kąpieli. Pierdolę to.

Albo powiedzmy, że mój mąż lubi obracać cudze żony, obraca więc żonę sąsiada, a gdy ten przychodzi w ataku furii, żeby mi o tym donieść, ja odpowiadam: Mąż lubi cudze żony, to jest wolny kraj, proszę go także polubić; to inteligentny sukinkot, też potrafi tydzień nie jeść.

W sieci temat cudzego kota jest znany. Można kupić sprej, urządzenie emitujące ultradźwięki. Można wezwać policję, która obciąży właściciela grzywną w wysokości

250 złociszy. Jakaś kobieta napisała, że ona by cudzego otruła. Nie podobają mi się te rozwiązania, bo ja się kotów boję, a co za tym idzie, nie lubię ich, ale tylko w swoim domu, poza tym nie mam nic przeciwko, a z urody to nawet mi się podobają.

Nie chcę iść z sąsiadem na udry, bo źle się żyje w atmosferze konfliktu. To się nazywa pat.

A może mój opór ma zapach, który wabi kocisko? Może odpuszczenie jako jedyne ma sens? Może nie ma innego wyjścia niż rzeczywiście polubić kota? Wszystko się dzieje po coś, więc po co dzieje się cudzy kot na moim terytorium? Może kot jest tylko symbolem? Nagle uświadamiam sobie, że znam to uczucie. Taki sam dyskomfort odczuwałam zawsze w otoczeniu ludzi, którzy na kocie podobieństwo byli nieprzeniknieni. Takich, którzy patrzą, lecz nie wiadomo, co myślą, którzy oceniają w milczeniu. Którzy łaszą się, gdy mają taką fantazję, ale nigdy wtedy, gdy ty tego potrzebujesz. Którzy znajdują cię, gdy czegoś chcą, jak kot, który znajdzie cię, gdy chce jeść. Takich, przy których nie wiesz, co się za chwilę wydarzy, którzy chodzą własnymi drogami, którzy łaskawie pozwalają się kochać.

Ten kot jest testerem mojego zaufania do ludzi, do siebie, do procesu życia. Przestanie przychodzić, gdy zdam test. Gdy zaufam. Ten kot jest tu dla mnie. Jak wszystko, co się przydarza, jest dla mnie, dla nas.

Klient patrzy, klient wymaga

Przypuszczam, że każdy zna uczucie dojmującej złości, jakie się pojawiało, kiedy jako dziecku czy nastolatkowi rodzice lub inni przedstawiciele świata dorosłych próbowali bez pardonu narzucić mu swoją wolę. Dorośli chętnie korzystają z wypracowanego przez wieki wzorca, który wskazuje, jak tresować dzieci do bezwzględnego posłuszeństwa. Bezrefleksyjnie, często brutalnie odmawiają młodym prawa do wyrażania własnej indywidualności. Duża różnica wzrostu sprawia, że nadużywane przez dorosłych „nie wolno" spada na dziecko z wysokości, która onieśmiela i zniechęca do obstawania przy swoim. Zresztą wiemy, czym się kończą próby obstawania przy swoim.

Pamiętam, że wprost nie mogłam się doczekać dorosłości, by nareszcie móc żyć w zgodzie ze sobą. Nie skorzystałam w zasadzie z beztroskiego, jak się mawia, dzieciństwa. Właściwie sprowadzało się ono do siedzenia na kanapie lub przy biurku. To mi było wolno. Zostaw, bo pobrudzisz. Nie ruszaj, bo zepsujesz. Nie bierz, bo zgubisz. Siedź, bo się wywrócisz. Nie szalej, bo się spocisz. Nie śmiej się, bo będziesz płakać. Zwariowałabym, gdyby nie wyobraźnia, do której drzwi zatrzasnęłam, a kluczyk połknęłam.

Doskonale pamiętam wszystkie momenty, gdy pragnęłam czegoś bardzo mocno i zanim zdołałam podjąć próbę zdobycia tego, natrafiałam na metalicznie chłodne: NIE.

Jak wtedy, kiedy wszystkie dziewczynki z klasy wstąpiły do zespołu tanecznego Gama przy domu kultury. Na przerwach ćwiczyły układy taneczne, piosenki, a większość rozmów dotyczyła poprzedniej lub kolejnej próby. Byłam sama jak palec, na marginesie życia towarzyskiego. Jakże się ucieszyłam, gdy ponownie ogłoszono nabór. Po powrocie ze szkoły, policzywszy wielokrotnie w myślach do dziesięciu (zawsze tak robiłam, zanim się odezwałam), stanęłam przed obliczem boga mego – ojca – zasiadającego na tronie tapicerowanym materiałem w kratę.

– Tato, czy mogłabym pójść na siedemnastą do domu kultury zapisać się do zespołu tanecznego?

– Lekcje zrobione?

– Mam tylko wypracowanie o bocianie do napisania, to napiszę po powrocie.

– Najpierw napiszesz. Przynajmniej na brudno.

– Ale tato…

– Idź pisać. Jak się pospieszysz, to zdążysz.

Ale, kurwa, tato!!! Tak, teraz to mam odwagę. Wtedy, podtrzymując brzuch, w którym pojawiła się ciężka kula, udałam się w milczeniu do pokoju. Najszybciej jak potrafiłam, ale rzetelnie, napisałam w brudnopisie o bocianie i wróciłam przed kamienne oblicze.

– No to teraz na czysto przepisz.

I pozamiatane. Gdybym wybiegła z domu natychmiast, może bym dotarła na czas. Z bocianem byłam bez szans. Mocząc łzami litery, wyobrażałam sobie, że mam kijek, którym zamrażam ojca na czas pobytu poza domem i odmrażam po powrocie. Albo że przychodzi ktoś duży, by mu wlać. Albo że przyfruwa wróżka, sypie perłowy pyłek ojcu na głowę i zmienia go w fajnego tatę, który podwozi mnie dużym fiatem do domu kultury. Wyobrażałam sobie to wszystko, masując przez fałdy skórne twardą niczym głaz kulę w żołądku.

A kiedy wszystkie dziewczyny, jak Polska długa i szeroka, nosiły getry, czy mogłam mieć getry? Nie. Czemu? Bo nie. Wybierano mi fryzury, wybrano szkołę średnią. Nic dziwnego, że kiedy otrzymałam dowód osobisty, biegłam, ściskając go w dłoni, aż zatrzymałam się w Warszawie. Pewnie niektórzy z was znają to uczucie całkowitej niemocy wymieszanej ze złością i z poczuciem winy. Koktajl, po którym kac trzyma przez wiele lat. Jeśli duch w nas nie zostanie ostatecznie zdeptany, jeśli gdzieś tam głęboko wewnątrz majaczy, postanawiamy któregoś dnia, że nikt więcej nie będzie sprowadzał nas do parteru. To nie następuje z chwilą wejścia w dorosłość, kiedy wzrostem dorównujemy innym. Najpewniej pozwolimy paru osobom po drodze wykonać starą śpiewkę wszechmocnych dorosłych, ale gdy wreszcie zrozumiemy, że nie jesteśmy już dziećmi, to będziemy w stanie pokazać faka tym, którzy zechcą ograniczyć nasze prawo do samostanowienia.

Jako piosenkarka wystawiłam głowę ponad leśne runo i stałam się widoczna dla świata. Z pierwszą publicznie wyśpiewaną nutą zostałam dostrzeżona przez pokaźną liczbę osób, które czegoś mi zabraniają, coś próbują narzucić. Czuję się czasem jak bohaterka horroru, która pod koniec filmu, po wycieńczającej walce z duchami zakopanych w piwnicy, myśli, że wygrała, bo przeprowadziła się do odległego miasta, do nowego domu, a tu nagle, gdy wchodzi do łazienki, z umywalki wyskakują, charcząc, znane z poprzedniego lokalu zombiaki. Tak to widzę, nie inaczej – niczym próbę kontynuacji dzieła moich stwórców.

Czy naprawdę osoby, które piszą mi na Instagramie: Po chuj nagrywasz te filmiki?! Stara, a głupia. Weź się ogarnij, kurwo psychiczna. Zmień fryzurę. Nie powinnaś się tak ubierać w tym wieku. Trzeba wiedzieć, kiedy ze sceny zejść. Żądam powrotu Hey-a. Sprzedałaś się. Wypierdalaj – czy naprawdę te osoby przypuszczają, że przeczytam to i nie nagram filmików, załamię się z powodu wieku, ogarnę się, zmienię fryzurę (tym bardziej, że oczekiwania co do mojej fryzury i koloru włosów są skrajnie różne), przestanę nosić dresy i dziwne buty, na rozkaz przestanę śpiewać, na rozkaz wrócę do Hey-a, nie podejmę jakiejś współpracy i wypierdolę? Przecież, pomijając wszystko inne, my się nawet nie znamy. Najważniejsze jednak jest to, że w posłuszeństwie – z głazem za pępkiem, najcichsza pośród myszy, przygarbiona i stłamszona – odpękałam w życiu czterdzieści lat. To dłużej niż większość wyroków. Dlaczego obcy chcą dla mnie dożywocia? I to za nic?

Czy gdybym nagle zaczęła wypisywać ludziom na ich Instagramach: Proszę natychmiast pozbyć się tej kanapy. Nie tak się robi pierogi. Ten makijaż to dno, skończ z tym. Ten samochód to wiocha, sprzedaj go. To ostatni raz, kiedy wyjechaliście do Egiptu – to ktokolwiek przy zdrowych zmysłach spełniłby moje żądania albo przejął się uwagami??? Oczywiście pytam z ciekawości.

Nie mam zwyczaju odpowiadać na takie komentarze ani ich kasować, bo to byłoby „nie wolno", które ja serwowałabym ludziom. Podobnie nie mam zamiaru reagować na wymagania, jakie stawiają mi nieanonimowi dziennikarze, blogerzy, feministki, prawicowcy, lewacy, księża i cała reszta świata.

W miarę świadomy człowiek, który uważa się za dorosłego, powinien przynajmniej raz zadać sobie pytanie: Dlaczego tak naprawdę denerwuje mnie drugi człowiek? To tylko pozornie błahe pytanie, albowiem próba udzielenia na nie uczciwej odpowiedzi może nas doprowadzić do bardzo bolesnego miejsca w nas samych. Dlaczego denerwuje cię – ba, doprowadza do wściekłości – prawie pięćdziesięcioletnia obca piosenkarka i jej poczynania? Może myślisz, że świetnie się bawi, a ty bardziej na to zasługujesz? Może widzisz ogromną niesprawiedliwość w tym, że wydała książkę, a ty tak dobrze piszesz i nic? Może się wściekasz, bo wydurnia się na scenie, bierze za to kasę, a ty marzniesz na przystanku w drodze do pracy, której nie znosisz, by zarobić pieniądze w kwocie urągającej ludzkiej godności?

Dorosły człowiek uświadamia sobie, że złość przerywa tamę, gdy obarcza odpowiedzialnością za swoje samopoczucie obcego, który naturalnie nie ma obowiązku ponosić za to najmniejszej odpowiedzialności. Dorosły człowiek dostrzega, że obcy coś w nim nieświadomie odpala, bezdotykowo rozdrapuje ranę, która jest w tym samym miejscu od dawna. Dostrzega, że złości go nie tylko podstarzała piosenkarka, ale wielu innych, że jest wściekły przez większość życia, nawet podczas nieprzynoszącego ulgi snu.

Czy możesz mi obiecać, że jeśli zniknę, będziesz wreszcie szczęśliwy i spokojny? Nie możesz. Wiem, bo żyłam zanurzona w złości po szyję. Przez wiele lat. Zazdrościłam wszystkim, którzy mieli odwagę cieszyć się, żyć. Wkurwiało mnie wiele osób, ale też sytuacji, zjawisk – z pogodą włącznie. Aż przyszedł moment, ten trudny, lecz szczególny moment, gdy dostrzegłam cały zestaw jątrzących się ran. Jestem nie dość dobra. Nie zasługuję na miłość, na przyjaźń. Nie mam prawa. Nie mam szans. Jestem głupia, słaba, tchórzliwa. Siedziałam bez ruchu w gównie, trzymając jedynie głowę nad powierzchnią, i krzyczałam do świata, by nie robił fal. Do latryny wrzucono mnie w dzieciństwie. To tam dowiedziałam się tych wszystkich okropnych rzeczy na swój temat, to tam wytresowano mnie do posłuszeństwa, które uniemożliwia wzięcie odpowiedzialności za to, w jakich okolicznościach się znajduję. Tam odebrano mi wszelką sprawczość.

To wtedy odpuściłam światu. Wylazłam z gówna, opłukałam ciało, by zobaczyć wyraźnie każdą z ran, i od dłuższego czasu robię wszystko, by się wygoiły. Jest dobrze, oddycham, żyję, cieszę się, lubię ludzi. Wszystkim, którzy brzmią jak znani mi dorośli i każą usiąść na karnego jeża za to, że żyję, jak chcę, mówię serdeczne: Bez jaj.

W bogactwie i biedzie, w zdrowiu i chorobie ślubuję sobie miłość, wierność i uczciwość własną. Dołączajcie.

Dziecko z fotografii

Rodzicom należy się miłość i szacunek, matka jest święta, a ojciec otrzymuje status autorytetu w dniu, w którym dziecko przeciśnie się na świat przez kanał rodny. Z zasady, odgórnie, bo tak, tak ma być, tak jest urządzony ten świat i koniec kropka. Bywają rodzice, których postawa w najmniejszym nawet stopniu nie narusza definicji świętej i autorytetu, a szacunek i miłość przepełniające ich dzieci są autentyczne i szczere. Jej Okrągłość Ziemię udeptuje niezbyt liczna grupa takich ludzi; rozpoznajesz ich w mig, bo bardzo się wyróżniają na tle reszty populacji – wyraźnie czujesz, że oto znalazłeś(-łaś) się w zasięgu oddziaływania aureoli. Są spokojni pośród zamętu, błyszczą, jesteś zahipnotyzowany(-na) ich łagodnością, masz wrażenie, że twoje splątane w kołtun emocje są rozczesywane bez szarpania. Takich rodziców i ich dzieci powinno być na świecie jak najwięcej, to z nich powinno się formować rządy, nimi obsadzać strategiczne dla rozwoju ludzkości stanowiska, to oni powinni prowadzić lekcje wychowawcze w szkołach. Tymczasem jest, jak jest. My jesteśmy. Dzieci, które dwoją się i troją, by kochać i szanować rodziców, choć ci tak wiele razy byli przyczyną naszego cierpienia. Jesteśmy ofiarami, które własnoręcznie piszą żarliwe mowy obrończe swoim oprawcom. Przeraża nas już sama myśl o wejściu w rolę prokuratora, bo pamiętamy, że przecież matki są święte, a ojcowie to autorytety. To z nami jest coś nie tak, skoro święta krzyczy, wyzywa, podnosi rękę, krytykuje i skąpi czułych gestów. W nas musi tkwić jakieś diabelskie nasienie, z którym święta musi toczyć świętą wojnę. Jeśli autorytet karze, to znaczy, że była wina. Jeśli autorytet znęca się nad nami i świętą, to znaczy, że, kurwa jego mać, ma rację! Święta i autorytet dbają o to, by nam słońce lub inna forma światła nie zaszkodziły; rzucają bardzo długie cienie, czasem tak długie jak nasza droga od urodzenia do śmierci. Można mieć pewność, że się nie przegrzejemy, nie opalimy – ładna pogoda w życiu nam po prostu nie grozi. Żyjemy w cieniu dzień za dniem, wmawiając sobie, że nie lubimy lata, i nieustająco staramy się kochać i szanować tych, którzy zasłaniają nam słońce.

Jesteśmy zmęczeni, bardzo, bardzo zmęczeni. Czujemy smutek, czasem rozpacz, najczęściej pustkę, którą z szacunku do matki i ojca interpretujemy jako głód lub nudę.

Zdarza się czasem, że dochodzimy do ściany. Rozglądamy się po swoim życiu i widzimy smutną zacienioną działkę, którą porastają jedynie chwasty, bo choć staraliśmy się zasadzić coś pięknego i kolorowego, nic się nie przyjęło. Znasz ten stan? Posłuchaj: jeśli udasz się po pomoc do kogoś mądrego, to z pewnością się dowiesz, że trzeba zwinąć cień, trzeba odbyć ten bardzo trudny spacer w przeszłość, nazwać rzeczy po imieniu, odebrać świętej aureolę, a autorytet strącić z piedestału. To piekielnie trudne. Truchlejesz na samą myśl o tym, obrońca w czarnej todze zamieszkujący twoją głowę zaczyna pracę. Czujesz się jak zdrajca, zdrajczyni, jak podły człowiek. Wyciągasz z pamięci te wszystkie skarby w postaci momentów, które stanowczo przeczą, by działa ci się krzywda. Miła sobota w podstawówce, gdy tata zabrał cię na mecz, dzień, gdy mama dała ci swój prawie cały lakier do paznokci, weekend pod namiotem bez kłótni... Szukasz gorączkowo... No, to by było na tyle.

Posłuchaj mnie. Znajdź swoją fotografię z dzieciństwa, najlepiej taką, na której jesteś sam, sama. Popatrz na to dziecko. Wpatruj się w nie długo. Myślisz, że to głupie? Tylko tak wygląda. Patrz uważnie. To ty. W tym maleńkim, znacznie mniejszym niż obecnie ciele jesteś. Patrzysz zza tych oczu. Pozwól dziecku opowiedzieć, co przeżyło, co czuło, jak się bało, płakało. Niech opowie ci o bezsilności, zagubieniu, rozpaczy, samotności. Pozwól mu przemówić i słuchaj w skupieniu. Możesz spisać jego opowieść, nie bacząc na formę, bo nikt oprócz ciebie tego nie przeczyta. Jeśli dziecko chce przeklinać – pozwól, jeśli będzie mówiło agresywnie – nie zabraniaj. Wyczekuj tego momentu, gdy ty dorosły, dorosła poczujesz więź z tą małą istotą, którą utrwaliła fotografia, czekaj, aż w twoim dorosłym ciele pojawią się dawne emocje. Nazwij je. Nie wstydź się, nawet jeśli poczujesz nienawiść. Ty tylko pozwalasz się wypowiedzieć dziecku. Obiecaj temu małemu chłopcu, tej małej dziewczynce, że już nigdy więcej ich nie opuścisz. Odtąd ślubujesz opiekować się sobą jak najcudowniejszy rodzic. Możesz nie dbać o siebie w dorosłym życiu, ale o dziecko zadbać musisz. Jeśli twoi święta i autorytet nadal żyją i nadal ranią, zabierz siebie w bezpieczne miejsce, zabierz dzieciaka, by go chronić; przecież obiecałeś(-łaś). Jesteś dorosły, jesteś dorosła, a dziś początek twojego życia. Jest słonecznie. Zacznij wysiewać na swojej działce wszystko, co lubisz, co cieszy twoje oko. A co z nimi, ze świętą i z autorytetem? Żeby naprawdę zacząć żyć, trzeba wybaczyć. Dlaczego? Dlatego, że noszenie w sobie urazy jest niszczące, czasem zabójcze.

Bo tak naprawdę straszliwie chcemy ich kochać i dalibyśmy wszystko, by oni kochali nas.

Ja, kiedy zaopiekowałam się małą Kasią (to zajęło trochę czasu), kiedy po raz pierwszy w życiu nadałam sobie wartość, poczułam, że jestem gotowa bez przemocy wobec siebie przyjrzeć się mamie i tacie. Możecie się śmiać, ale z pomocą przyszły mi ich zdjęcia. Długo wpatrywałam się w małego roześmianego zawadiakę w krótkich portkach, w dziewczynkę o włosach w kolorze pszenicy, z przypiętym wykrochmalonym kołnierzykiem. Dotarło do mnie, że obie te fotografie uwieczniają rzadkie w ich dziecięcym życiu momenty bez przemocy i smutku. Te dzieciaki zostały złamane po tysiąckroć. A potem zrozumiałam, że ich rodzice, zanim zadali cierpienie, sami go doświadczyli, i że ta sztafeta trwa w naszej rodzinie od bardzo, bardzo dawna. Zaniechanie zemsty było łatwe w świetle tej świadomości. Zrozumiałam, że rodzice mogą tyle, ile potrafią. Nie są w stanie nauczyć dziecka języka, którym nie mówią. Te rozważania stworzyły przestrzeń dla znacznie głębszych przemyśleń. Nie byłabym tym samym człowiekiem, gdyby moje wczesne doświadczenia były inne. Dawna przeklęta samotność stanowiła żyzny grunt dla wyobraźni, którą tak w sobie cenię, a warsztaty z odosobnienia, jakie odbyłam dawno temu, bardzo się przydały w czasie pandemii. Musztra i rozkazy uświadomiły mi, że w dorosłym życiu nie podejmę pracy, w której ktoś będzie mi narzucał swoją wolę – zostałam artystką.

Dziś autentycznie szanuję moich rodziców za to, że jestem. Niczego nie oczekuję, biorę to, co sami zdecydują się ofiarować. Kocham ich miłością, na którą nie muszą zasługiwać, która pozwala bez poczucia winy stawiać granice. Widzę w nich ludzi, nie świętą i autorytet z nadania.

Na koniec dodam, że rodziców można szanować, kochać, ale jednocześnie nie lubić. Jeśli ich sposób bycia, traktowania nas i wizja świata sprawiają, że wolimy im życzyć jak najlepiej, ale z daleka, nie ma w tym nic złego. Wszak obiecaliśmy sobie samym czułość i troskę. Mamy prawo spędzać czas w towarzystwie ludzi, z którymi miło przebywać.

Chodź, opowiem ci świat

Niemowlę ma wszystko nowiutkie, nieużywane. Począwszy od gładziutkich piętek, na zawartości główki skończywszy. Proces zużywania piętek rozpocznie się wraz z pierwszym krokiem, a główkę wypełni efekt obserwacji zachowań tych, którzy pochylają się nad kołyską, i ich opowieści. Ponoć do siódmego roku życia dziecko funkcjonuje w trybie nagrywania, intensywnej rejestracji. Dziecięce JA nie jest jeszcze ukształtowane, dziecko nie może poddać samodzielnej analizie docierających treści, ocenić ich wartości, zdecydować, czy są przydatne, a że jest zapatrzone w dorosłych narratorów, przyjmuje wszystko za pewnik, tworząc z dostępnego budulca solidny szkielet rzeczywistości i ustawiając się w roli jej uczestnika.

Mój dziadek był milicjantem. Miał w zwyczaju czytać na głos obszerne fragmenty „W Służbie Narodu" – periodyku dla milicjantów, który informował o skali przestępczości i zawierał opisy co brutalniejszych zbrodni. Czytał babci, ale cała horrorowatość sączyła się do główek baraszkujących pod stołem dzieci. Moja mama do tej pory postrzega świat jako piekielnie niebezpieczny, a gdy słyszy za sobą kroki, gwałtownie przyspiesza, zaciskając w kieszeni spoconą dłoń na spreju z gazem łzawiącym.

Dziadek oprócz tego, że był milicjantem, był też znanym w okolicy kobieciarzem. Wszystkie kobiety znały i uwielbiały jego „szacuneczek" na powitanie, co było wstępem do grubego flirtu. Babcia dostawała szału: Szacuneczek, szacuneczek, durniu ty stary! – a gdy dziadek wychodził, niezmiennie żegnała go zdaniem: O, idzie gzić się z babami. Moja mama wyszła za flirciarza, który – według jej mniemania – gdy tylko spotkał babę, to się z nią gził. Póki mieszkasz w naszym domu, póty masz robić, co każemy! – tak mówili dziadkowie, co doprowadziło obie córki do błyskawicznego zamążpójścia, niepoprzedzonego solidnym namysłem nad tym, czy kandydat aby dobrze rokuje. Byle móc robić, co dorosła już dusza zapragnie.

Dziadek w czasie wojny był na robotach w Rzeszy, ale trafił do bardzo poczciwego, ludzkiego Niemca, dzięki czemu nienawiść do okupanta nie była w naszej rodzinie kultywowana. Jeszcze długo po wojnie bauer odwiedzał dziadka. Pamiętam, że wyjadał łyżeczką fusy z kawy. Żył wystarczająco długo, bym i ja zdążyła go poznać. Babcia miała realny powód, by Niemców nienawidzić, bo w bestialski sposób, jednego dnia zamordowali całą jej rodzinę, ale to doświadczenie było tak traumatyczne, że je wyparła, zrzuciła w czeluść nieświadomości i nie przekazała swoim dzieciom tej nienawiści. Wszystko zależy od rozdania. Gdyby moja mama przyszła na świat w innej rodzinie, pewnie i ja krzywiłabym się na myśl o wycieczce do Dortmundu i plułabym na telewizor, w którym pokazują Angelę Merkel, jak to czyni wielu naszych rodaków.

„Czym skorupka za młodu nasiąknie..." – naprawdę ma sens. Od dziecka słyszałam wypowiadane z pobłażliwym uśmieszkiem: Oj, Kasia, Kasia, co ty tam wiesz. Marsz do swojego pokoju. Dzieci i ryby głosu nie mają. Wypowiedziane raz pewnie nie wywarłoby tak przemożnego wpływu, ale powtarzane wielokrotnie stało się mantrą, która samoistnie odtwarzała się w mojej głowie przez wiele, wiele kolejnych lat. W podstawówce, nawet gdy znałam prawidłową odpowiedź na pytanie, nigdy nie odważyłam się podnieść ręki, bo przecież co ja tam wiem. Będąc matką, nie potrafiłam głośno wziąć swojego dziecka w obronę, gdy nauczycielka się na nie uwzięła, tylko szłam do domu i dławiłam się poczuciem winy, bo milczałam jak ryba. Nie poszłam na studia, bo mimo superwyników czułam się głupia i uważałam, że jestem bez szans. Jak będziesz taka, to nikt cię nie zechce. Kolejny wdruk. I w parze z nim wypowiadane ze szczerą pogardą „stara panna" o tych, które idą przez życie samotnie. Byle nie być starą panną, byle ktoś mnie zechciał. Z takimi pragnieniami człowiek wystawia ciało na żebry. Pojawia się pierwszy lepszy względnie zainteresowany, a my wznosimy splątane w dziękczynnym geście dłonie do nieba. W tym układzie „kobiety i ryby głosu nie mają". Kasia, Kasia, co ty tam wiesz – zostaje i tylko „marsz" zmienia kierunek na „do kuchni". Jeśli na liście zasad rządzących światem jest „wszyscy faceci to chuje", to człowiek nawet nie stara się przeciwstawić, gdy dzieje mu się krzywda, bo przecież tak już jest, bo przecież wszyscy oni tacy są, i cieszy się, że przynajmniej ma własnego chuja, a właściwie że tego konkretnego jest własnością, ten konkretny go zechciał. Hura.

A chłopcy? Też nie mają lekko. Jeśli ojciec często powtarza: Ten to pedał. Co ty, pedał jesteś? Toż to jakieś pedały, zboczeńcy jacyś! – to chłopiec, jeśli rozpozna u siebie skłonność do mężczyzn, nigdy się nie przyzna przed rodziną, może i przed samym sobą będzie to ukrywał, może nawet się ożeni, a na pewno w jego krwi pojawi się wstyd. Jeśli zaś nie rozpozna, szanse na to, że będzie akceptował inności i nie wyrwie mu się pogardliwe: Toż to pedał jakiś, są, moim zdaniem, niewielkie. Albo gdy słyszy od dziecka, że musi być kimś, to zarżnie się w dorosłości, byleby kimś zostać, nawet za cenę niebycia sobą.

Tak więc narracja dotycząca rzeczywistości, płynąca z ust osób znajdujących się w najbliższym otoczeniu, staje się tą obowiązującą w dorosłości. Czasem rozważając, jaki jest sens istnienia, dochodzę do wniosku, że może sprowadza się on do żmudnego wygrzebywania się z tych wszystkich przekonań i powrotu do najbardziej nieskalanej wersji samych siebie, by rozejrzeć się po świecie i bez obciążeń i podszeptów z zewnątrz sprawdzić, co sami o nim myślimy. Często pytam siebie: Skąd to wiem, kto i kiedy mi to powiedział, czy mogę wierzyć, że ta osoba naprawdę wie? Cholernie to skomplikowane i skrojone na cały czas pobytu w tym ciele, w tym życiu. Ale warto. Kiedy odważyłam się po raz pierwszy zanegować to, że jestem głupia i nikt mnie nie zechce, poczułam się wolna. Żyje mi się lepiej, odkąd samodzielnie dostrzegłam, że świat i ludzie nie są tak źli, jak mi wmawiano, i że podejrzliwość, jaką mi wszczepiono, być może sprawiła, że coś lub kogoś po drodze przegapiłam.

Chcę żyć, sprawdzać, wysunąć głowę, którą ze strachu schowałam w ramionach. Dlatego wara ode mnie wszystkim, którzy będą próbowali swoją opowieścią wcisnąć ją tam z powrotem.

Pierwsza komunia

Druga klasa podstawówki. Mam osiem lat. Połowa października. Mama jest u ojca, którego statek ślizga się po powierzchni oceanów. Nie będzie jej ładnych parę tygodni. Opiekuje się mną babcia, która specjalnie w tym celu przeniosła się z manatkami do naszego mieszkania. Czy ty nie powinnaś zapisać się na religię? – pyta któregoś wieczoru. Wiem, że powinnam. Wiem, że prawie cała klasa od jakiegoś czasu chodzi na religię. Nie chodzę ja, syn milicjanta i córka bezbożników, ateistów znaczy się. Lekcje religii odbywają się we wtorki i czwartki. Idę w czwartek do kościoła, to niedaleko. Wystarczy minąć baraki, przejść szybko przez bramę kamienicy przy Parkowej, przystanąć na moment, by dusza mogła przeskoczyć z ramienia z powrotem do ciała, bo zawsze przysiada na ramieniu, jak się przechodzi przez bramę ciemną nawet za dnia, śmierdzącą piwem, kotami, węglem, gumkami od weków i często rzygami. Potem dalej, przy warzywniaku, przez ulicę, pod górkę koło SAM-u, minąć basen przeciwpożarowy, kawałek kocimi łbami i już jest nasz kościół; kościółek, jak mówi babcia. Siedemnasta minęła, bo nikogo nie ma pod drzwiami do salek katechetycznych, które mieszczą się na bocznej ścianie kościoła – kościółka – po prawej, jeśli stanąć twarzą do głównego wejścia.

Wchodzę po kręconych schodach, wdycham miks zapachów: drewnianej poręczy, wilgotnej ściany, świec i kadzidła – jego woń musi dostawać się tu wentylacją spod ołtarza. Dla mnie do dziś tak pachnie wiara. Przykładam ucho do drzwi. Słyszę głos siostry. Boję się zapukać. Wstydzę się wejść. Boli mnie brzuch. Wejdę, jak policzę do dziesięciu. Liczę jeszcze raz i jeszcze raz. Decyduję, że poczekam, aż lekcja się skończy, i wtedy wejdę. Siadam na schodach, czekam. Nareszcie wychodzą, moja klasa, zdziwieni, że mnie widzą. Podchodzę do siostry i mówię, że chcę się zapisać na religię. Ona na to, że czemu tak późno. Ja na to, że mama wyjechała. Ona, że muszę przyjść z kimś dorosłym.

Wracam do domu, mówię babci, że z dorosłym trzeba. Ona na to: Powiedz, że matka wyjechała, a babka jest stara i nie będzie nigdzie łazić. We wtorek znów idę do kościoła. Tym razem wcześniej, żeby się zapisać, zanim zaczną. Proszę siostry, babcia powiedziała, że jest stara i nie będzie nigdzie łazić, a mama wyjechała. Musisz przyjść z osobą starszą, nie mogę cię ot tak zapisać, dziecko. Wracam do domu i mówię babci, że z dorosłym muszę, bo nie zapiszą. Babcia krzyczy i złorzeczy, że co za ludzie, że mam iść jeszcze raz i nie wracać, jeśli się nie zapiszę.

Pamiętam całkowitą bezsilność.

Nie poszłam już do siostry. W kolejny czwartek powiedziałam babci, że się zapisałam. Powiedziałam, że muszę mieć gruby zeszyt. Babcia dała na zeszyt, kupiłam sześćdziesięciokartkowy w kratkę, z irysem na okładce. Na pierwszej stronie narysowałam niebieską kredką duży krzyż, na nim Jezusa z kółkiem wokół głowy, w króciutkiej spódniczce, czyli takiego, jaki wisiał za ołtarzem w kościele. Duże gwoździe w stopach i rękach. Nad krzyżem narysowałam dwa obłoki, po jednym z każdej strony, a pod krzyżem (nie mam pojęcia dlaczego) tabliczkę z niemieszczącym się w niej napisem: Szanuj zieleń, boś nie jeleń. Z tym zeszytem, ośmioletnia, we wtorki i czwartki wychodziłam z domu i wracałam po godzinie z kawałkiem. Przez prawie siedem miesięcy. Co sobie myślałam? Myślałam, że nie mam innego wyjścia. Czułam się źle i bardzo samotnie z tym kłamstwem. Kiedy w klasie zapytali, dlaczego nie chodzę na religię, skoro w pierwszej klasie chodziłam, to powiedziałam, że lekarz mi zabronił wychodzić popołudniami z domu. Z uwagą wysłuchiwałam wszelkich opowieści dotyczących religii, by wiedzieć cokolwiek. We wtorki i czwartki snułam się po osiedlu. To tu, to tam. Kiedy było bardzo zimno, siedziałam w kącie przy wejściu do piwnicy, przy rurze z ciepłą wodą. I płakałam. Płakałam bardzo często, bo nie wiedziałam, co dalej. Płakałam ze strachu, że się wyda i dostanę straszne lanie. Bałam się komukolwiek o tym wszystkim powiedzieć. Tymczasem mama i tata wrócili. Jak w szkole? Jak na religii? Przecież to komunia w tym roku! Dobrze. Uczymy się piosenek i wielu modlitw. Pokaż zeszyt, czy ładny. Szanuj zieleń, boś nie jeleń? A czemu tak? Co to ma wspólnego? I czemu tylko na niebiesko, co ty, kredek nie masz? A czemu tylko jedna strona? Czemu nie ma nic więcej? Yyy, bo na pierwszej stronie można było, co się chce, a na niebiesko, bo niebo jest niebieskie, a tam mieszka Bóg, a siostra nic więcej nie dyktowała jeszcze, cały czas tylko opowiada i opowiada nam o Bogu.

Gorąco się zrobiło, gdy pojechaliśmy z rodzicami i matką chrzestną kupić sukienkę. Długą. I wianek, i torebkę w kształcie sakiewki, i białe buty bez pięt. Wtedy już musiałam wymyślić, co dalej. Wymyśliłam, że jakoś się wmieszam w tłum. Będzie tak dużo dzieci, że nikt nie zauważy, że jestem obca, jeśli będę wszystko po nich powtarzać. Termin komunii ustalono bodajże na szesnastego maja.

Przekazałam tę datę rodzicom. Podekscytowani zaczęli zapraszać rodzinę z całej Polski. Mój chrzestny mieszkał z żoną w Białymstoku. Kawał drogi, czyli przyjadą na parę dni, będą nocować. Wuj głęboko wierzący, więc dumny z chrześnicy, obiecał zabić i sprawić świniaka specjalnie na tę okazję.

W kwietniu klasa otrzymała oprawione w białe okładki książeczki komunijne. Wszyscy mówili o tym na przerwach, a niektórzy nosili je z dumą przy sobie. Poszłam odwiedzić chorą koleżankę. Natychmiast spostrzegłam u niej na biurku rzeczoną książeczkę. Kiedy wyszła do toalety, przez kilka chwil z ogromnym wstydem rozważałam kradzież, bo bez tego atrybutu, byłam przekonana, nie uda mi się przejść przez komunię niezauważenie. Ale nie byłam w stanie. Wiedziałam, że Bóg na mnie patrzy, a za kradzież piekło murowane. Przypomniałam sobie, że babcia ma dużo książeczek do nabożeństwa. Po niedzielnym obiedzie wycyganiłam od niej znacznie mniejszą od tej komunijnej i w płóciennej oprawie, ale białą. Nadal wszystko mogło się udać.

Czas pędził nieubłaganie. Dziewczyny w klasie bardzo przeżywały próbną spowiedź. Powtarzały całą formułkę na przerwach. Mówiły, że wszystko trzeba powiedzieć: że się kłamało, brzydko wyrażało, pyskowało rodzicom, a nawet o samogwałcie, ale to chłopcy mieli wyznać, jeśli robili samogwałt. Rozumiałam powagę próbnej spowiedzi. Tego dnia doszłam prawie pod kościół, konkretnie do basenu przeciwpożarowego, co było znaczące, bo przez te wszystkie miesiące nie podchodziłam zbyt blisko. Tam, oparta o płot, z zadartą głową, poruszając bezgłośnie ustami, wyznałam grzechy Bogu. Popłakałam się szczerze, przyznając się do komunijnego kłamstwa, ale też tłumaczyłam, że nie wiedziałam, co zrobić, że babcia stara, matka wyjechała, siostra nie chciała zapisać, a potem było już za późno. I jeszcze na koniec, czy mógłby mi pomóc, żeby to wszystko się udało, bo inaczej mnie zabiją. Poczułam jakby ulgę.

I wtedy przyszedł maj, jak śpiewała Monika Kuszyńska. Brzuch bolał mnie już od długiego czasu, ale w maju to najbardziej. Wujostwo przyjechali. W domu pachniało bigosem, obrusy czekały wykrochmalone, świnia już była wędliną i nóżkami w galarecie, i kaszanką, i boczkiem. Był piątek. Następnego dnia, w sobotę, miała się odbyć pierwsza spowiedź, na czysto. Wieczorem wymiotowałam z przerażenia. W sobotę powiedziałam, że idę do pierwszej spowiedzi. Wtedy żona wuja zaproponowała: Pójdę z tobą, to i ja się wyspowiadam przy okazji. Teraz, kiedy to piszę, czuję tamten stan. To straszne, co się ze mną działo. Nie, ciociu, nie trzeba, wszyscy będą sami, muszę już iść, teraz, natychmiast. Pójdziesz z ciocią, bez dyskusji! – krzyknął ojciec.

I szłam, trzymana przez ciotkę za rękę, w drugiej ręce dzierżąc babciną książeczkę do nabożeństwa. Szłam, a bicie mojego serca kruszyło tynk na fasadach kamienic. W kościele ciotka odstawiła mnie pod konfesjonał, a sama udała się pod ołtarz, skąd zerkała w moją stronę. W kolejce do konfesjonału zobaczyłam, że wszyscy mają karteczki z fioletowym stemplem i wręczają je księdzu przed spowiedzią. Wiedziałam, że to koniec. Podeszłam do ciotki i powiedziałam, że muszę wrócić do domu po karteczkę. Ona na to, że poprosi siostrę, żeby darowała mi karteczkę. Która to twoja siostra? Pokazałam palcem pierwszą, którą napotkałam wzrokiem. Ciotka, trzymając mnie za łokieć, podprowadziła przed oblicze urszulanki, która rzekła: Ale ja nie znam tej dziewczynki. Wtedy ruszyłam biegiem przez kościół w stronę basenu przeciwpożarowego. Pomyślałam, że przeskoczę przez płot i się utopię, bo lepiej tak niż zostać zabita za karę. Płacząc, oceniałam swoje szanse na skok i wtedy dogoniła mnie ciotka.

W spazmach opowiedziałam jej wszystkie te miesiące. Że nie wiedziałam, co robić, a potem było już za późno. Pozwoliłam zaprowadzić się do domu. Przystawałyśmy, bo wymiotowałam. W domu ciotka powtórzyła, co usłyszała ode mnie. Płakali wszyscy. Ojciec zlał mnie straszliwie i kazał klęczeć w pokoju do odwołania. Słyszałam, jak wuj mówi: Ona musi brać jakieś narkotyki! Normalne dziecko nigdy by czegoś takiego nie zrobiło! Wtedy nie wiedziałam, co to są narkotyki, ale zapamiętałam słowo. Do komunii poszłam rok później, z młodszym rocznikiem, w sukience obciętej do kolan, bo urosłam. Miałam najpiękniej prowadzony zeszyt i sama się zgłosiłam do śpiewania *Alleluja*, by odkupić swój grzech.

Rozumiem rozpacz i złość rodziny, bo wstyd, bo chrzestny tłukł się z daleka, bo świnia i obrusy. Rozumiem, że kłamstwo w ich odczuciu wymagało kary, ale zastanawiam się, jak to możliwe, że nikt nie spróbował zobaczyć w tym wszystkim mnie. Miałam osiem lat! Osiem! Pamiętam, jak wyglądał w tym wieku mój syn, i wyobrażam sobie, jak się snuje miesiącami zupełnie sam, gdy ciemno i zima, jak strasznie się boi i chowa w piwnicy, płacząc… Jak sobie o tym pomyślę, ogarnia mnie przerażenie. Przecież pedofilii nie wymyślono niedawno, żeby bracia Sekielscy mogli nakręcić film… Przecież w siedemdziesiątym ósmym też byli jacyś zboczeńcy, źli ludzie.

To niesamowite, jak podróż w czasie do tamtego miejsca pootwierała głęboko skrywane uczucia. Tak bardzo żywe, choć tak stare. Osiem lat.

Ślady po ciszy

Cisza. Sześćdziesiąt spuchniętych sekund, rozdęte minuty, otyłość olbrzymia godziny. Cisza potrafi sprawić, że czas rozlewa się poza cyferblat, a wskazówki grzęzną, niezdolne do przerobienia tego nadmiaru. Można pomyśleć, że życie się cudownie wydłuża, a jednak człowiek marzy o śmierci, bo wyobrażenie sobie wieczności w tej ciszy grozi szaleństwem.

Zamknij się. Cicho bądź. Ani mru-mru. Milcz – gdy rodzic ciasno sznuruje usta dziecku, wciska mu knebel głęboko aż do migdałków, to wymuszone milczenie potrafi ukruszyć fragment dziecięcej duszy. Kiedy zamilknąć postanawia rodzic, dusza dziecka roztrzaskuje się na drobne kawałki – mogłabym przysiąc, że słychać wtedy dźwięk tłuczonego szkła. Taka cisza jest perwersyjną torturą, zostawia niewidzialne ślady, których nie można obfotografować i złożyć w teczce na policji. Ślady po kablu od żelazka, pasie czy pięści mówią, są streszczeniem cierpienia, wołaniem o pomoc, które może zostanie usłyszane. Dzieci maltretowane milczeniem, okładane ciszą, kiedy dorosną, marzą o mieszkaniu przy trasie szybkiego ruchu, świetnie znoszą wiercenie u sąsiada, włączają telewizor przed nastawieniem wody na kawę, zasypiają przy grającym radiu, byle nie dopuścić do tego, że cisza się rozgości, byle nie usłyszeć grzechoczących w ciele kawałków potłuczonej dawno temu duszy.

Wyobraźcie sobie dziewczynkę, pięciolatkę. Tata odbiera ją z przedszkola, jak co dzień, tylko dziś przedszkolanka donosi o wyjątkowej niesubordynacji latorośli, która odmówiła zjedzenia zupy, a na rytmice szarpała za włosy Radka i połknęła plastelinową kulkę. Wściekły ojciec, zasuwając zamek bluzy, przycina dziewczynce brodę. Po wyjściu z przedszkola idzie przodem, a gdy dziecko podbiega, chcąc złapać go za rękę – chowa ją do kieszeni. Dziewczynka widzi, jak złość łączy brwi ojca, tworząc zastygłą w locie jaskółkę. Będzie milczał i zabroni matce odzywać się do dziecka. Ta sama dziewczynka, tym razem nastolatka, przynosi bardzo dobre świadectwo zamiast rewelacyjnego. Ten sam ojciec drze papier, kawałki opadają miękko na wykładzinę, a na czoło ojca nadlatuje i zastyga tam znajoma jaskółka. Przy kolacji ojciec mówi do matki: Powiedz jej, że do końca wakacji nie wyjdzie z domu. Na to obeznana z procedurą matka mówi do siedzącej przy tym samym stole dziewczyny: Tata powiedział, że do końca wakacji nie wyjdziesz z domu. Przez wiele tygodni jaskółka codziennie zapowiada deszcz, który pada na strony czytanej przez nastolatkę książki. To tylko dwa przykłady z trwającego wiele lat łamania ciszą. Ta dziewczynka, a potem kobieta, nauczyła się, że jest niegodna nawet słów, a co dopiero miłości. Gdy milkły głosy, wiedziała, że zrobiła coś, za co należy się kara, a że cicho wokół niej było nader często, doszła do wniosku, że to, że żyje, jest przestępstwem, a budzenie się ze snu znów i znów czyni z niej recydywistkę, którą słusznie skazano na dożywocie w ciszy.

Potem, jak to w życiu bywa, przyciągnęła faceta, który, żeby nie doświadczyła dysonansu poznawczego, organizował jej przestrzeń bezpieczną, bo znaną z domu rodzinnego. Karał ją milczeniem, gdy zrobiła bądź powiedziała coś, co mu się nie spodobało, ale też wtedy, gdy to on zrobił lub powiedział coś, co urągało jej godności, o której czytała, że powinna ją mieć.

Przepraszała, gdy czuła, że oto nadchodzi szaleństwo, ale wtedy on odwracał głowę do okna – bez słowa oczywiście. Tak jak niektórzy reagują gwałtownym spazmem na hałas, tak ona reagowała na ciszę. Codziennie robiła rundę telefoniczną lub esemesową po znajomych, by powiedzieć: Tak dzwonię, żeby sprawdzić, czy wszystko między nami okej, bo nie odzywasz się od wczoraj. Gdy odpowiedź na esemesa nie przychodziła w ciągu trzydziestu sekund, wariowała. Gdy ktoś nie podziękował za życzenia urodzinowe, natychmiast jej ciało przeszywał lęk, bo może złe życzenia, może sto lat to za mało i teraz spotka ją za to cisza. Tragiczne jest to, że w wyniku zapatrzenia, czy może zarażenia się od ojca, zdarzało jej się nie odzywać do własnego dziecka. Potem dręczyło ją poczucie winy, było jej wstyd, i za karę odwracała się od siebie do okna albo nastawiała głośno radio, by nie dopuścić do dialogu wewnętrznego.

To nie jest życie. To straszliwa udręka. Niestety jedynym sposobem na jej zakończenie jest właśnie wejść w ciszę, tę znienawidzoną, bezdźwięczną przestrzeń, bo tylko w niej możemy usłyszeć tak potężne, że aż dźwięczne cierpienie, które stało się naszym udziałem dawno temu i trwa do dziś. Tylko przy zgaszonym radioodbiorniku zdołamy zrozumieć, że wyrządzono nam krzywdę, choć blizny nie są widoczne dla oka. Tylko z dala od miejskiego zgiełku albo nocą możemy stworzyć warunki dla tego cichutkiego głosu w nas, który gdy mu pozwolimy, powie: Stop, już wystarczy. Wtedy pomalutku nauczymy się nie bać i zrozumiemy, że jesteśmy godni miłości i że cisza nie musi boleć. Tylko wtedy pojawi się miejsce dla tych, którzy zechcą mówić do nas czule, którzy nie użyją ciszy przeciwko nam.

W domach, w których na gazie pyrkocze zdrowa zupa, ojcowie noszą spodnie z gumą zamiast pasa, krochmali się kołnierzyki, a pod choinką znajduje prezenty z reklam, czasem przemoc jest cicha jak milczenie.

Stowarzyszenie amatorów kropek

Zastanawialiście się kiedyś, jak wyglądałoby wasze życie, gdybyście mówili tylko prawdę? Jak wyglądałby krajobraz waszej egzystencji, gdybyście przestali kłamać? Tak, ja też myślałam, że kłamię sporadycznie, gdy nie mam innego wyjścia albo dla dobra innych. Człowiek czasem nie zdaje sobie sprawy, że kłamie, i tylko nos rośnie i rośnie. Wszyscy jesteśmy Pinokiami.

- A GDZIE ONA MI SIĘ PODOBA? NAWET JEJ NIE ZAUWAŻYŁEM (wyobrażając sobie, jak wyglądaliby spleceni w chińskie S – na golasa).
- WCALE NIE WYWALAM KASY. TO STARE, Z PIĘĆ LAT LEŻAŁO W SZAFIE (obracając w palcach jeszcze ciepły paragon).
- NIE MYŚLĘ O NICZYM KONKRETNYM (zastanawiając się, jak mu powiedzieć, żeby dołożył się do czynszu).
- TATUŚ WYJECHAŁ DO PRACY (wiedząc, że zmienił tylko dzielnicę i panią).
- U MNIE WSZYSTKO SUPER (skrywając limo za ciemnymi okularami).
- OBIECUJĘ, ŻE PRZESTANĘ PIĆ (zmuszając psa do spaceru w deszczu, by kupić małpkę w osiedlowym sklepie).
- BYŁAM ZAJĘTA (gryząc się w język, by nie powiedzieć: Nie odbierałam, bo czuję się wysysana z energii za każdym razem, gdy dzwonisz).

– JESTEM CHORA (myśląc: Nie stać mnie na prezent i czuję się przegrana, ilekroć widzę, jak żyjesz).
– MAM DO SIEBIE DYSTANS (kasując wszystkie komentarze, które nie są wyrazami uwielbienia).
– ZAJĘTY FACET TO DLA MNIE ŚWIĘTOŚĆ (proponując wspólne winko chłopakowi koleżanki).
– MIAŁEM SUPERDZIECIŃSTWO (rezerwując wszystkie czwartki na terapię).
– CIESZĘ SIĘ, ŻE SIĘ REALIZUJESZ (zaciskając zęby, gdy znów trzeba odgrzać sobie zupę albo gdy zwracają ci podatek, a ona przekracza kolejne progi podatkowe).
– SZANUJĘ WSZYSTKICH LUDZI (każąc wypierdalać tym spoza swojej bańki).
– TO JEST PYSZNE (wyczekując momentu, gdy gospodyni wyjdzie z pokoju, by zakopać kotlet w donicy z palmą).
– NIKT MI NIE BĘDZIE MÓWIŁ, CO MAM ROBIĆ (czesząc się na bok, gdy matka ma wpaść z wizytą, bo ona najbardziej cię lubi z taką fryzurą).
– CHCĘ SIĘ STARZEĆ Z GODNOŚCIĄ (wchodząc w kapturze do kliniki medycyny estetycznej, a potem z uporem twierdząc, że wyglądasz tak, bo się wyspałaś).
– MUSZĘ TO WSZYSTKO PRZEMYŚLEĆ (bojąc się powiedzieć wprost: Nie kocham cię już).
– BYŁEM PIJANY, NIE WIEDZIAŁEM, CO ROBIĘ (puknąwszy dziewczynę, bo czujesz, że coś znaczysz, tylko wtedy, gdy pukasz).
– ZDZWOŃMY SIĘ (czując, że nie zadzwonisz ani nie odbierzesz).
– JESTEŚCIE TU? (wiedząc, że na koncert przyszło pięć tysięcy ludzi).

– ZABIJĘ SIĘ, JEŚLI ODEJDZIESZ (rozstając się z każdą kolejną miłością).
– JESTEM PONAD TO (planując zemstę).
– NIE JESTEM HEJTEREM (kompulsywnie gnojąc ludzi pod płaszczykiem korzystania z prawa do własnej opinii).
– MAM W DUPIE NAGRODY (drżąc podczas ogłaszania nominacji).
– NIE TYJĘ, BO MAM ŚWIETNĄ PRZEMIANĘ MATERI (odżywiając się jedynie własną śliną).

Można by tak w nieskończoność. Dlaczego to robimy? Ale tak naprawdę – dlaczego?

Mogę mówić tylko za siebie. Słyszałam nocną kłótnię, a rano mówiono mi, że to był sen. Chciałam odgryźć rękę, która mnie biła, a podsuwano mi ją do całowania. Widziałam łzy, których dorośli się wypierali. Słyszałam obietnice, których nie spełniano. Widziałam poklepywanych po ramieniu, na których potem wieszano psy. Widziałam biednych udających bogaczy i bogaczy grających biednych. Siedząc pod obrusem przykrywającym imieninowy stół, patrzyłam na kobiece dłonie masujące uda nie swoich małżonków i męskie stopy wkradające się pod spódnice cudzych żon.

Ja po prostu nie znam świata bez kłamstwa. Czasem boję się, że taki nigdy nie istniał, tak jak boję się, że nie istnieje dobro, są tylko jego pozory, które zdają się wystarczające. Nie chcę przestać być chujem, chcę tylko, żeby ludzie myśleli, że nim nie jestem – tak to wygląda. Tak jak wielofunkcyjnym scyzorykiem można otworzyć wino, ukroić chleb, spiłować paznokieć, skręcić szafkę, tak kłamstwem można podrasować wizerunek, zmanipulować bliźniego, zaskarbić sobie sympatię. Tylko jak to możliwe, że te zdobycze smakują? A może jednak nie smakują, bo podświadomie zdajemy sobie sprawę, że nie mają realnej wartości odżywczej, że są jak guma o smaku wiśniowym, a nie zerwana wprost z drzewa wiśnia?

Uczę się prawdy. To bardzo trudne, ale nie odpuszczam. Za cenę samotności i odrzucenia zyskuję lekkość bycia sobą. Jestem prosta jak interpunkcyjna kropka, szukam amatorów kropek, skończyłam z dorysowywaniem wokół siebie kolorowych płatków i udawaniem, że jestem kwiatkiem. Jakbym poluzowała napięty od lat mięsień. Niespotykana wręcz ulga.

Możesz mi powiedzieć prawdę. Odważ się.

NIE

Okazuje się, że wojnę można wygrać, mając tylko NIE w kaburze. Wojnę, którą wcześniej czy później przyjdzie stoczyć każdemu z nas. Wojnę o siebie.

Moje NIE – rachityczne, z zapadniętą klatką piersiową, szpotawą stopą, zanikiem mięśni, anemicznie blade, całe w odleżynach. Z dźwięcznego stawało się nieme od wczesnego dzieciństwa. Dorosłym należą się głębokie ukłony i gromkie brawa za codzienne żmudne wyrywanie ostrych kolców sprzeciwu, łyżeczkowanie zalążków buntu, ścieranie i polerowanie aż do lśniącej gładkości wszelkich niemiłych dla oka nierówności. W końcu mogą odpocząć i cieszyć się obłością własnego dziecka.

Dziecko uczy się, że jego NIE nic nie znaczy, gdy odwraca głowę od łyżki, a rodzic wpycha mu ją na siłę do ust. Również wtedy, gdy jest syte, a słyszy: Nie odejdziesz od stołu, póki nie zjesz do końca. Wtedy, gdy mu nie smakuje, a rodzic mówi: Nie dostaniesz nic innego. Jak zgłodniejesz, zjesz wszystko. Wtedy, gdy pani przedszkolanka każe dokończyć zupę owocową z wymiocinami. Gdy mimo sprzeciwu każe mu się całować wujków i ciocie lub śpiewać piosenki na rozkaz. Wtedy, gdy leży na wersalce ze spuszczonymi majtkami, zasłania dłońmi pośladki i płacząc, prosi: Nie bij, a w odpowiedzi słyszy: Zabierz ręce, zobacz, do czego mnie, gnoju, doprowadzasz. Gdy mówi: Tato, nie pij, a potem przytrzymuje szufelkę, na którą matka zmiata ojca z podłogi. Gdy prosi: Mamo, nie pij, a potem szarpie ją leżącą w wannie za ramię, bo myśli, że umarła. Wtedy, gdy nie pozwala dotykać swojej intymności, a ciężka ręka forsuje bieliznę. Gdy koledzy mówią: Pij, zapal z nami, a ono – po pierwszym NIE – pije i pali, bo boi się wyszydzenia i ostracyzmu. Wtedy, gdy kocha rysować, a każą mu złożyć papiery na prawo.

Szybko uczy się, że NIE kończy się karą. Czyta dezaprobatę z oczu najbliższych. Zaczyna rozumieć, że aby przetrwać, zasłużyć na sympatię, miłość, musi się zgadzać na wszystko. Tresura przynosi w końcu efekt. Dla wielu z nas uległość staje się częścią natury. Lądujemy w dorosłości gotowi usługiwać silniejszym, nauczeni, jak własnoręcznie kneblować sobie usta, z których od czasu do czasu próbuje się wyrwać ciche, grzeszne NIE.

Tę potulność da się wyczuć. To dlatego ciągną do nas jak koty do waleriany wszyscy ci, którzy chcą się tarzać w potulności. Znajdzie cię żona, która gdy w towarzystwie z czymś się nie zgodzisz, uciszy cię bez słowa, kładąc rękę na twoim kolanie. Gdy podczas proszonego obiadu poprosisz o udko, gospodyni nałoży ci pierś, mówiąc: Pierś jest bardziej męska, dla ciebie lepsza. Zaciśniesz zęby, gdy szef, czyli boss, w garniturze Bossa, czyli szefa, każe ci rozpiąć bluzkę i podkasać spódnicę. Wykonasz pracę za niskie wynagrodzenie. Nawet nie piśniesz, gdy partner cię uderzy, i sama sobie dopowiesz: To ja go do tego doprowadziłam. Weźmiesz nadgodziny. Zawrócisz z urlopu. Pozwolisz, by teściowa przestawiła meble w twoim domu. Dasz sobie wcisnąć większy pakiet programów telewizyjnych. Pozwolisz sobie odjąć zdrową pierś i nie pozwiesz lekarza za błąd w sztuce. Nie zrobisz afery, gdy ekipa remontowa wyjedzie ci kaflami z łazienki do przedpokoju. Położysz w tym miejscu dywanik. Ja pozwoliłam na przemoc słowną i fizyczną. Nie powiedziałam NIE, gdy podsunięto mi uwłaczający kontrakt płytowy. Przeżyłam większość życia, pozwalając sobie na sprzeciw tylko w tekstach piosenek, często ubierając go w metaforę.

Wnioski? Podstawowy: żyjąc bez NIE, dwa razy tracisz. Tracisz godność, siebie, a nic nie zyskujesz. W tym przypadku brak zysku oznacza stratę. Zaczynasz oglądać własne życie i ogarnia cię smutek. I wtedy idziesz na wojnę. Pragniesz odzyskać swoje własne, a zarządzane przez okupanta, terytorium. Nie chcesz już żyć pod rozbiorami. Zaczynasz od małych kroków. Najpierw trzeba wyleczyć odleżyny. Poddać NIE rehabilitacji. Niech cię nie zraża powolność tego procesu. To trzeba robić delikatnie, lecz systematycznie. Spróbuj odmówić dokładki. Dołożyć ci? Nie, dziękuję. Przeciwnik się nie podda, bo przyzwyczaił się, że twoje NIE jest słabe lub nieobecne. Ależ oczywiście, że dołożę – i sunie z chochlą. Wtedy mówisz wyraźnie: Powiedziałam(-łem) NIE. Tu się powinien zatrzymać i obrazić, bo tak robią. Ale może się zdarzyć, że przewróci oczyma i zacznie przechylać chochlę. Wtedy mówisz: Czego w słowie NIE nie rozumiesz? Automatycznie pojawia się obraza, prychnięcie lub jawnie wrogi komentarz i zawsze, ale to zawsze, próba stymulacji twojego ośrodka poczucia winy. Na to trzeba się przygotować. Znasz to. Pamiętaj, że walczysz o siebie.

Obiad jest zrujnowany, raczej już sobie nie pogadacie. Wychodzisz. Nie ma na co czekać. Możesz lekko drżeć. To naturalne. Pomyślisz: Co ja najlepszego zrobiłam(-łem)? To normalne. Pamiętaj, że prawdopodobnie otaczają cię ludzie, którzy od lat wykorzystywali twoją słabość. Może się zdarzyć, że wkrótce stracisz ich wszystkich. Nie bój się tego. Gdy tylko zaczniesz błyszczeć naturalnym blaskiem, pojawią się tacy, którzy się nim zachwycą.

Ja, kiedy zaczęłam mówić NIE, łączyłam je z PRZEPRASZAM albo NIE GNIEWAJ SIĘ. Nie rób tego. Ja już nie robię. Nie masz za co przepraszać. Nie robisz nic złego. Nie proś, żeby się nie gniewali. Jeśli się pogniewają za to, że korzystasz ze świętego prawa do decydowania o sobie, to wiedz, że nie chcesz mieć ich blisko.

W czasach, gdy sukcesem jest sprzedanie stadionu w dziesięć minut, ja za największy sukces w ostatnim pięcioleciu uważam zakomunikowanie mamie, że nie będę dzwonić codziennie, czego ode mnie wymagała. Odmowa rozmawiania o chorobach, szpitalach i lekarstwach, NIE dla hucznych świąt, NIE dla koleżanki, która obraża się, gdy spotykam się z innymi koleżankami, NIE dla kolegi, kiedy stroi fochy i nie chce powiedzieć dlaczego, NIE dla wszystkich propozycji zawodowych, jeśli nie czuję ich sercem, NIE dla mówienia mi, co mam robić, NIE, gdy wolę poczytać, niż się spotkać, NIE dla wszystkich ludzi, którzy pasą się niską energią i przyczyniają się do powiększania jej światowych zasobów. Niby nic, a tak wiele dla mnie znaczy, tak nieoczekiwanie lekką czyni codzienność.

Istnieje jedno niebezpieczeństwo. Można tak się rozsmakować w mówieniu NIE, że szala, na której spoczywa równie ważne TAK, podjedzie za wysoko. Nie powinno się mówić NIE z zemsty za minione lata. Interesuje nas tylko NIE wynikające z troski o siebie, z czułej dbałości, z chęci bycia najnormalniej w świecie uczciwym wobec siebie. I proszę, pamiętaj, że masz do tego prawo. Po prostu uwierzyłaś(-łeś), jeszcze będąc dzieckiem, że prawa nie masz. Nie bój się. Jesteśmy dorośli.

Seks a prokreacja

Szkoda, wielka szkoda, że te dwa pojęcia występują obok siebie.

Życie byłoby znacznie mniej skomplikowane, gdyby rozdzielono funkcje otworów. Gdyby zaraz po tym do wydalania, a przed tym, przez który przeciska się noworodek, był trzeci. Po prostu trzeci, specjalnie przeznaczony do uciech. Odbyt, pochwa i ekstator, gościniec, rozkosznik, spełniacz – nad nazwą można by pomyśleć.

Należało w ogóle inaczej to wymyślić i na przykład przypisać orgazm do łokci, które służą tylko do podpierana się lub przepychania. Gdyby seks polegał na stykaniu się łokciami, to prącie – poza siusianiem – byłoby wyjmowane ze spodni wyłącznie w celu wprowadzenia go do pochwy i zapłodnienia, co musiałoby być poprzedzone głębokim namysłem i odpowiedzialną decyzją obojga partnerów. Nie byłoby wpadek ani pomyłek, bo prącie nie miałoby w pochwie nic innego do roboty. Załatwilibyśmy kwestię zabezpieczania się, bo po jakie licho zabezpieczać łokcie przed przyjemnością. Są łatwo dostępne, więc zetknięcie się nimi nie wymagałoby specjalnych przygotowań, a gwałt byłby skutecznie utrudniony, bo nie wyobrażam sobie, jak gwałciciel miałby przytrzymać ofiarę, a jednocześnie stykać się z nią łokciami. Kompleksy? Z nimi również koniec, bo łokcie ludzi w zasadzie niczym się od siebie nie różnią. Zdrada? Co bardziej interesującego byłoby w łokciach tej drugiej? Koniec przemysłu porno, bo kto zniósłby oglądanie takiego aktu? Okładki pism dla panów, a na nich świetnie oświetlone, nagie, co miesiąc inne, a jednak łudząco podobne łokcie? Bez sensu. Tylko zimny łokieć kierowcy zmieniłby wymowę i z kategorii „szpan" przeszedłby do kategorii „molestowanie".

Tymczasem jest, jak jest. Otwór jest jeden, a przeznaczenia dwa. Ludzie znacznie częściej myślą o przyjemności niż o rozmnażaniu się. Seks jest propagowany wszędzie, ale nie mówi się o konsekwencjach. W szkole na biologii – kiedy większość uczniów szpera w telefonach, przysypia, gada lub śmieszkuje, widząc rysunki narządów – coś tam się wspomina o tym, że w ejakulacie są plemniki, a te, po dostaniu się do pochwy, rozpoczynają szaleńczy bieg w kierunku kobiecego jaja, by się z nim połączyć i w macicy ostatecznie przeistoczyć w człowieka, który po przyjściu na świat wywróci go do góry nogami.

Czy reklama prezerwatyw nie powinna wyglądać tak? Nocny klub, przyciemnione światło, ona pręży się seksownie w skąpej sukience, on jest zachwycony, przyciąga ją do siebie. Cięcie. Są w sypialni, a żądza rośnie. Ona patrzy na niego znacząco. On wyjmuje prezerwatywę i mówi: Mam, ale nie zabezpiecza w stu procentach, może się zdarzyć, że pęknie. Cięcie. Tu mamy serię migawek z przyszłości, po pęknięciu – dziecko, pieluchy, ona niewyspana, on... Jego już nie ma, bo przecież chciał się tylko kochać, bo mu się spodobała w klubie. Cięcie. Ona mówi: *Nein. Danke.* Potem napis: Ale tobie może się poszczęścić i nie pęknie!

I to jest uczciwe. I ja to szanuję. Czy na butelkach z alkoholem nie powinno być ostrzeżeń: Po spożyciu istnieje obawa, że zapomnisz, skąd się biorą dzieci?

Czy przy opisie pozycji seksualnych nie powinno być adnotacji: Żadna z nich nie chroni przed poczęciem, jeśli zakładacie, że koliber wleci do muszelki?

Czy osoby umawiające się przez aplikacje na tak modny seks dla przyjemności, nie powinny, patrząc na fotografię kandydata, zadać sobie pytania: Czy w razie czego ten człowiek może być matką czy ojcem mojego dziecka?

Na tym polega odpowiedzialność. Pomijając wszystkie złożone i tragiczne sytuacje, wydaje mi się, że traktowanie aborcji jako pewnego zabezpieczenia przed niechcianą ciążą jest straszliwym nieporozumieniem.

Może warto, by seks zajął właściwe miejsce w hierarchii ważności? Jest cholernie przyjemny, ale skończmy z traktowaniem go jako niezbędnego do przetrwania. No chyba, że gatunku. Czy nie jest tak, że na najgłębszym poziomie seks jest używany do podbudowania poczucia własnej wartości? Może warto uświadomić młodym dziewczynom, że mają pełne prawo powiedzieć chłopakowi: NIE? Że gościnność poniżej pępka nie ma najmniejszego wpływu na ich wartość, bo ta nie podlega dyskusji? Chłopakom też można by wspomnieć, że nie umrą, jeśli się powstrzymają. A w poszukiwaniu ekstazy, uwolnienia można przecież inaczej.

Miejmy świadomość konsekwencji, żeby wyeliminować chociaż element zaskoczenia towarzyszący odczytywaniu testu ciążowego.

PS Obecnie mam otwór, który stanowi wejście do Muzeum Prokreacji i w końcu może służyć tylko przyjemności. Skoro jedyną w stu procentach skuteczną metodą antykoncepcyjną jest wstrzemięźliwość, to może warto zacisnąć zęby i trochę poczekać, a na razie przytomnie pamiętać, że z wkładania mogą być dzieci, i dostrzec wartość w zanikającej sztuce samokontroli?

Jestę moherę

Widziałam niedawno gigantyczny billboard z reklamą torebki. Torebka bardzo klasyczna, taka raczej do kościoła, ewentualnie dla kobiety w średnim wieku, bez fantazji – może prezeski fundacji zbierającej pieniądze na sprzęt medyczny. Nie byłoby w tym nic godnego uwagi, gdyby nie modelka, która torebkę reklamowała. Modelka w reklamie nie dziwi. Dziwi to, że dzierżyła torebkę w dłoni, klęcząc w symbolicznym kostiumie kąpielowym, z tyłkiem wypiętym jak w pozycji kolankowo-łokciowej... w oceanie. Dlaczego tak? Nie uważam, że ze względu na fason torebka powinna być reklamowana w kościele. Swoją drogą, modelka w bikini wypięta na posadzce świątyni... Pytam, dlaczego kobieta moczy torebkę i klęczy, jakby bzykał ją od tyłu ktoś, kogo usunięto ze zdjęcia podczas obróbki? Jeśli reklama trafi na klientów, którzy traktują wszystko dosłownie i są podatni na sugestię, to wyobrażam sobie, że facet kupi dziewczynie torebkę, wyleje kilka wiader wody na podłogę (bo ma za daleko do oceanu), postawi torebkę na podłodze, a dziewczyna rozbierze się, uklęknie, oprze łokciami o parkiet i wypnie do żyrandola, mówiąc: Ojej, jaka piękna, w sam raz do kościoła, a facet, patrząc na nią zastygłą w tej pozie, nie będzie mógł się powstrzymać i odbierze „dziękuję" w naturze. Albo starszy pan kupi torebkę żonie prezesce, bo pomyśli, że ten konkretny model sprawia, że kobieta automatycznie się wypina, a w takiej pozycji jeszcze żony nie widział.

Czy marsz kobiet od wielkich barchanowych gaci i niemego posłuszeństwa do równouprawnienia i swobody nie mógł być kontynuowany w celu rozwiązywania kwestii społecznych, a w tym, co dotyczy ciała, zatrzymać się, zanim publiczny wizerunek kobiety sięgnie podłogi? Moim zdaniem powinnyśmy się przenieść z pola bitwy o nieuprzedmiotawianie kobiecego ciała na front walki z samouprzedmiotawianiem. Coś nam umknęło, przegapiłyśmy moment, gdy kobieta okładana przez mężczyznę zaczęła okładać się własnoręcznie lub pozwoliła, by robiły to inne kobiety.

Chce mi się płakać, gdy widzę na Instagramie pięciolatkę, która w skąpym stroju, uszytym przez matkę z kawałka materiału wielkości chusteczki do nosa, tańczy seksownie jak J.Lo na finale Super Bowl. Jest mi przykro, gdy skądinąd fantastycznie prezentująca się Lopez rozkłada szeroko nogi i masuje się po waginie ku uciesze tłumu, w tym kobiet. Albo gdy nadstawia się, by tancerz, ocierając się o nią, mógł ją klepnąć w tyłek. Jestem zawstydzona, gdy na okładce kolorowego czasopisma widzę koleżankę po fachu, która w bieliźnianym gorsecie i czarnych koronkowych rękawiczkach zapowiada wywiad z okazji jubileuszu dwudziestopięciolecia. Nie rozumiem, dlaczego świeżo wypracowana podczas ćwiczeń sylwetka musi być prezentowana w seksownej odsłonie. Już słyszę ten wrzask: Zazdrościsz! Owszem, zazdroszczę szczupłych, zadbanych ciał, ale gdybym się takiego dorobiła, nigdy nie przyszłoby mi do głowy, by prezentować je wygięte i prawie lub całkiem nagie. Powiecie, że jestem pruderyjna. Nie. Nie jestem. Widzę wyraźnie granicę między seksualnością a seksualizacją. To kwestia odpowiedzialności.

Sprawy zaszły za daleko. Ciało postrzegam jako równorzędne z umysłem i duchem, a tymczasem obserwuję niebezpieczny zwrot ku samej cielesności, traktowanie umysłu po macoszemu i odwrót od ducha, który jako jedyny z tej trójcy może ewentualnie aspirować do wieczności.

Małe dziewczynki uczą się, że trzeba być seksi, bo wokół tego wszystko zdaje się krążyć. Myślę o ruchu #MeToo i martwię się, że cała para pójdzie w gwizdek, jeśli będziemy w stringach publicznie masować się po pipach, wypinać z torebkami w oceanach, dawać się posuwać na sucho raperom w teledyskach. Pójdzie w gwizdek, jeśli kobieta kobietę będzie utwierdzać w takim rozumieniu definicji wolności i patrzeć z pogardą na te z nas, które cieszą się swoją seksualnością tylko w sypialni. I nie zgadzam się na mówienie, że kobieta, która przejmuje inicjatywę, automatycznie staje się podmiotem. Jeżeli legitymizuje swoją wartość poprzez gloryfikację ciała, jeśli epatując nim, zaznacza swoją obecność w świecie – jest jedynie właścicielką przedmiotu.

Uciekający państwo młodzi

Ślub wzięłam daleko stąd nie dlatego, że zagraniczne śluby mają wyższą rangę. Istotny był sam akt. Na dobrą sprawę, gdyby obecność świadków nie była wymagana odgórnie, nie targalibyśmy za ocean naszych synów. Chodziło o to, by zbiec przed tradycją. Od dłuższego czasu na własny użytek prowadzę zakrojone na szeroką skalę badania nad przydatnością powszechnie akceptowanych zasad, przekonań, umów społecznych. Jest oczywiste, że wszelkiego rodzaju tradycje wcześniej czy później trafią do laboratorium. Ślub i wesele zawsze jawiły mi się jako wielomiesięczna tortura, jeśli wziąć pod uwagę łącznie dzień ceremonii i cały okres przygotowań. W moim odczuciu podróż poślubna to nic innego niż wyjazd sanatoryjny dla młodej pary, a pieniądze, które małżonkowie otrzymują w kopertach, to wypłacane przez gości szkodliwe. Wiem, że jestem specyficzna, a dla wielu po prostu dziwna, dlatego nie poddawajcie głębokiej analizie moich wywodów pod kątem ich uniwersalnej słuszności.

Lubię i zawsze lubiłam moment ślubowania. Mogłabym butelkować i sprzedawać łzy wzruszenia, jakie wylałam, patrząc na młodych. Dostrzegam w tym akcie głębię. I to by było na tyle. Ale reszta? Koszmar.

Data. Mówią, że najlepiej, kiedy ciepło, i żeby koniecznie miesiąc zawierał „r" w nazwie. Jesienią mokro, suknia utytłana, a babki będą miały kropki z błota na rajstopach.

Dla mnie lato odpada, bo trzeba się wygogolić, a ja tego z zasady nie robię – nawet latem. Suknia. Takiej, jak bym chciała, to nie mogę, bo figura, a nie ma dużych rozmiarów bez podkreślonej talii. Buty. Jaki obcas? Na płaskim to jak gruba kaczka bym się czuła, ale na wysokim, który trochę wyciąga, nie dam rady przez tyle godzin. No i nawet jeśli uda się wszystko skompletować, to matki, ciotki i koleżanki zaczną wybrzydzać i doradzać – każda co innego.

Lista gości. Nie rozumiem, dlaczego na śluby i pogrzeby trzeba zapraszać cały żyjący fragment drzewa genealogicznego. Nie tych, których lubisz, z którymi utrzymujesz relacje. Wszystkich. Nawet babki kuzynkę – do niej jeździła na wakacje moja matka, gdy była mała – koniecznie z mężem i córką. Zaraz, zaraz, jak ona się nazywa…? Matka mówi, że trzeba, bo się obrażą, będą gadać. Żeby było jasne – nie rozumiem również, czemu mnie zapraszają na śluby, skoro właściwie się nie znamy; po co się niepotrzebnie wykosztowywać? Matka mówi, że jak nie pojadę, to się obrażą, a jak pojadę, to w rewanżu muszę zaprosić na swój ślub. A jeśli się obrażą, to co, przestaną dzwonić? Nigdy nie dzwonili. Rodzina to rodzina – mówi matka. Prawidłowa lista gości musi zatem zawierać: wujów, którzy na bank zrobią bardachę, bo zawsze robią; wujów, którzy jawnie gardzą moją profesją; ciotki, które współczują mojej matce, bo nie mam studiów; ciotki, które modlą się za mojego syna, bo jest poczęty bez ślubu, i całą masę innych krewnych po mieczu i po kądzieli, chociaż ich nigdy nie widziałam na oczy. Z całej Polski i zagranicy też. Dla każdego nakrycie i miejsce do spania. Do tego znajomi. Nie przyjaciele, znajomi. Czyli kto? Wszyscy, z którymi jestem na „cześć"? Koledzy, z którymi grałam w ciągu dwudziestu pięciu lat? Nawet jeśli nie utrzymują ze mną kontaktu? Ogrom ludzi. To wszystko razy dwa, bo przecież panu młodemu trzeba przekazać listę i długopis, by uzupełnił o swoje drzewo i swoich znajomych. Czy można wynająć stadion na wesele?

Potrawy. A że z mięsem, a że bez mięsa. Oczywiście tyle potraw, żeby kelnerzy przez cały czas wymieniali puste półmiski na pełne.

Muzyka. Matka mówi, że uniwersalna, żeby każdy lubił. Całe wesele przy Podsiadle? I to nie z płyty, tylko kaleczonym przez zespół muzyczny, bo matka mówi, że płyty to na domówkach, a wesele to musi zespół zagrać. I wodzirej, żeby zaganiał na parkiet. Nie chcę, bo wiem, że profesjonalny wodzirej nie powstrzyma się przed pociągiem, przekładaniem jajka przez nogawki i zarządzeniem macania na ślepo damskich kolanek. I to jebane „gorzko, gorzko". Co dziesięć minut w pierwszej godzinie, a potem, jak się popiją, to już non stop.

Tańce. Trzeba tańczyć z każdym, bo każdy czuje się w obowiązku poprosić, a nie można odmówić, bo się obrażą. Nie można pójść spać, bo nie wypada. Na trzeźwo się nie da, ale nie można się upić, bo wstyd i prawdopodobnie płacz, a to zrujnuje makijaż. Dawniej to przynajmniej tych selfiaków nie było, a teraz bez przerwy musisz robić dzióbdo miliona telefonów. I każdy chce coś powiedzieć, pomimo że kolejka do życzeń była długa na trzy godziny. No ale po alkoholu trzeba coś dodać. Wiesz, że cię kocham? Ale wiesz? Wiesz, że cię kocham, córcia? Zawsze wiedziałem, że kiedyś cię wreszcie poprosi o rękę; poczciwy z niego chłop, dobrze mu z pyska patrzy. To co? Teraz na chrzcinach się widzimy? Kaśka, dawaj, zaśpiewaj moją i twoją, no nie daj się prosić, albo teksańskiego, teksańskiego dawaj! Heeerrrbaaataaa... styyygniiiieee... Ale tak szczerze, ile wyciągasz na rękę? Wy to w bańkach jakichś żyjecie! TVN wam we łbach pomieszał, a prawdziwa Polska to jest gdzie indziej, kurwa jego mać! I z oddali: A gdyby pana syn był gejem? To co, kurwa? Wyjebałby pan z domu?! Niech się pan puknie w ten pisiorski łeb!

A potem czekają na poprawiny, które mają sens tylko dlatego, że marnowanie takiej ilości jedzenia jest karygodne. Później liczysz to, co w kopertach, i nie jesteś wcale zdziwiony, że nie pokryje nawet jednej trzeciej wydatków. Przez kilka następnych tygodni matka przekazuje komentarze dotyczące wesela, oczywiście niepochlebne – że mięso suche, że wódy mało, że muzyka do dupy, a Kaśka nabzdyczona. I najważniejszy: Nooo, ja to im długiego pożycia nie wróżę. Nie wspomniałam o kłótni z małżonkiem, ale to chyba oczywiste.

Ja się po prostu do takich sytuacji nie nadaję. Dlatego uciekliśmy. I było tak: my, dzieciaki, bezalkoholowo, z weselem w outlecie, gdzie z przeceny kupiłam sobie chiński wisiorek na szczęście. Jestem nieśmiała, lubię się walnąć spać przed północą, a co najważniejsze – w badaniach mi wyszło, że tradycja weselna upadła na etapie wczesnych testów i wyleciała z mojej listy przeżyć koniecznych.

Palec pod budkę

Zapachy bywają zdradliwe; niektóre z nich mogą zwabić drapieżnika. Ten żywo reaguje na nutę gorzką, którą najłatwiej wyczuć w uległości, bezradności, niskiej samoocenie i poczuciu winy. To nie jest tak, że te nuty zapachowe powstają w czasie trwania relacji. Z moich obserwacji wynika, że oni nas wywąchują właśnie dlatego, że je rozsiewamy. Bardzo chcemy, by ktoś nas pokochał, ale przekonane, że nie jesteśmy godne miłości, tracimy czujność, która pozwala przyjrzeć się księciu, zanim damy się wsadzić na jego konia. Szybko się okazuje, że koń nie był biały, prawdziwy, tylko na biegunach – wypchany trocinami. No ale jest już za późno.

Pierwsze wrażenie zawsze oszałamia. W czasie krótszym niż pstryknięcie palcami lądujesz w rzeczywistości, w której tylko wyposażenie mieszkania jest to samo co dawniej. Reszta zaczyna przypominać plan zdjęciowy, bo jest tak niesamowicie i nierealnie, że rozglądasz się za ekipą filmową, którą oceniasz jako niezwykle dyskretną, bo nijak nie da się jej zauważyć. Jeden z moich książąt na przykład po tygodniu od pierwszej rozmowy zabrał mnie na dach znanego budynku w Warszawie wyłożony drobnymi kamykami, pod którymi wcześniej ukrył owoce. Prowadził mnie za rękę i spod kamieni wyjmował a to jabłko, a to brzoskwinię. Kiedy wyjął pomarańczę i z intensywnie miłosnym wyrazem twarzy obierał ją, a cząstki wkładał do ust, by następnie umieścić je w moich ustach… Kurwa, kiedy to piszę, w jednakowych proporcjach chce mi się śmiać i płakać, i trochę rzygać. Rzeczywiście, jak scena z filmu, tylko klasy Z, albo podryw w stylu „Cosmo". No, ale wtedy nie mogłam się nadziwić, że matka Ziemia nosi taką istotę, a ta istota, utkana z marzeń, stoi przede mną tak cielesna, realna, i mówi białym wierszem – do mnie, o mnie. Bo tak to właśnie na początku wygląda. Nie „cześć", tylko „błogosławiona chwila, w której objawiłaś się moim oczom". Nie „Kaśka", tylko „Łabądku", nie „co dziś porobimy", tylko gapienie się w oczy, grzebanie dłonią (bo nie ręką) w jedwabiu włosów (bo nie po prostu we włosach). Do tańca mnie prosił na stacji benzynowej – przy ludziach. Do każdego seksu muzyka, na każdym spacerze kwiaty. O, znów mi trochę niedobrze… Ale wtedy – boski szok.

Potem, we wszystkich podobnych historiach, scenariusz jest prawie identyczny. Postanawiacie zamieszkać razem. Chcesz się pochwalić szczęściem swoim znajomym. On się zgadza, ale po spotkaniu ma wiele uwag pod ich adresem. Nawet nie zauważasz, że stopniowo to grono się kurczy. Nagle są tylko jego znajomi. Jeśli jesteś bibelociarą, to obserwujesz znikanie kolejnych przedmiotów. Nie żeby kradł i sprzedawał, po prostu tłumaczy ci, że zbierają kurz, i sama się ich pozbywasz, poza tym „zasługujesz na wszystko, co najlepsze, a to jakieś klamoty". Potem zwraca ci uwagę, że ta sukienka nie współgra z twoją urodą i ten sweterek też nie, a te spodnie to już zupełnie. Zostaje twoim stylistą. No wiesz? – mówi, gdy zaśmiewasz się na komedii. Odtąd oglądacie same bergmany. To trwa jeszcze trochę, a potem zaczyna się jazda. Zastanów się nad sobą. Jak zwykle coś sobie ubzdurałaś. Tak nie będziemy rozmawiać. Będę, kiedy będę. Nie interesuj się. Ciesz się, że w ogóle z tobą jestem. Ja ci dopiero mogę dać powód do płaczu! Czasem mówi straszne rzeczy, a kiedy go cytujesz, wmawia ci fantazjowanie, zarzuca kłamstwo. Wpadasz na pomysł – będziesz nagrywać rozmowy, żeby mieć dowód, żeby się obronić. Nagrywasz jedną, ale kiedy mu odtwarzasz, wpada w szał, zarzuca ci, że stosujesz szpiegowskie metody, nawet nie słucha. Ze strachu przestajesz nagrywać, ale coraz częściej masz wrażenie, że zwariowałaś.

Problem polega na tym, że on zachowuje się tak tylko wtedy, kiedy jesteście sami. W obecności innych nadal galopuje na białym koniu, a ciebie traktuje jak dawniej. Mój skarb – mówi, mocno ściskając pod stołem twój nadgarstek. Kiedy zwierzasz się koleżance, że jest ciężko, ta mówi: Chyba przesadzasz, to niemożliwe, widać, jak bardzo cię kocha; poza tym ciesz się, bo takiego faceta ze świecą szukać.

Jesteś sama samotnością najcięższą, gdy książę karze cię długotrwałym milczeniem. Często przepraszasz, przepraszasz profilaktycznie. Tęsknisz za tym czasem, gdy było jak w filmie. Pamiętasz, jaki był cudowny, więc jeśli się zmienił, to dlatego, że ty jesteś jakaś porąbana. Tak, to musi być moja wina – myślisz. Na imprezie widzisz, jak sztywnym prąciem wypycha w tańcu jakąś kobietę do przedpokoju, a potem słyszysz, że jesteś chorobliwie zazdrosna, że musisz się leczyć, bo widzisz coś, czego nie ma, a to się kwalifikuje do psychiatry. Jeśli należy do tych, którzy przeszli do rękoczynów, trzymasz się za płonący policzek, gdy on mówi: Zobacz, do czego mnie doprowadzasz swoim zachowaniem.

Przychodzi dzień, gdy postanawiasz odejść. Wtedy, jak za dotknięciem czarodziejskiej różdżki, on zmienia się na powrót w amanta filmowego, który uwiódł cię pierwszego dnia. Zanurza cię w miodzie, ozdabia kolorową posypką, znów wielbi, znów mówi wierszem, a nawet przeprasza. Kapitulujesz. Rozpakowujesz walizkę. On ci chętnie pomaga. Nastawia płytę i kochacie się. Rano karmi cię do ostatniego kęsa. Przez tydzień, dwa jest cudownie, znów się rozglądasz za ekipą. Aż do pierwszego poniżenia w drugim sezonie. Jeśli macie dzieci, typ będzie nimi grał. Będzie próbował wmanewrować dzieci w rolę swoich sojuszników, sącząc im w odpowiednich dawkach dyskredytujące cię informacje. „Moja krew"; w podtekście – nie twoja.

Tych cykli, sezonów, może być wiele. Bywa, że serial kończy się wraz ze śmiercią któregoś z pary aktorów. Czasem powinien się skończyć natychmiast, gdy uświadomisz sobie, że wylądowałaś w piekle, że doświadczasz przemocy psychicznej, a często fizycznej.

Nie zwariowałaś. Wszystko, co usłyszałaś, było wypowiedziane. Kula lęku w twoim podbrzuszu była realna. Jest nas na świecie wiele, bo wielu jest predatorów. Rada jest tylko jedna: uciekaj. Z takim typem schemat zawsze będzie wyglądał tak samo. Taki typ nie współodczuwa, nie umie kochać, wszystko, co widzisz na początku, to tylko bogato zdobiona fasada, która skrywa zrujnowaną kamienicę – pustą, zatęchłą, po której krążą zjawy. Uciekaj, bo wcześniej czy później ty staniesz się zjawą.

Żeby być sprawiedliwą, muszę dodać, że po świecie chodzi również wielu mężczyzn, którzy zostali złowieni w sieć przez żeński odpowiednik księcia z koniem na biegunach – księżniczkę, która w miejscu serca ma piranię. Oni wiedzą, o czym mowa, oni też powinni uciekać. Daleko, pod żadnym pozorem nie informując o nowym miejscu pobytu.

Kiedy jesteśmy dziećmi, a przyszło nam dorastać wśród poturbowanych emocjonalnie dorosłych, którzy łamią w nas ducha, są ślepi i głusi na naszą głęboką potrzebę miłości, wyrastamy na niszczonych albo niszczących. Jest nas wielu, jest nas wielu, jest nas tak wielu! Czy możemy z tym skończyć¿! Czy ktoś mnie słyszy¿!

Ta trzecia, ten trzeci

Ta trzecia jest jak działka na Mazurach: nie zamierzasz zamieszkać tam na stałe, wszak masz mieszkanie w mieście. To jest miejsce wypadowe, gdzie fajnie rozprostować kości, uspokoić nadaktywnie uczestniczący w codziennej gimnastyce umysł. Facet, który ma robotę, znajomych, rodzinę – w tym dzieci – w mieście, raczej rzadko decyduje się na zamieszkanie w drewnianym domku na odludziu. To się po prostu nie kalkuluje, logistyka takiego przedsięwzięcia może przyprawić o potężny zawrót głowy.

Ludzie w miłości się zużywają. Poznajesz kogoś nowego, owiniętego w te wszystkie celofany, szeleszczące papierki, schowanego w pudełku obwiązanym wstążkami, w końcu, zarumieniony z ekscytacji, trzymasz w dłoniach właściwą zawartość prezentu od losu i rozpoczyna się nieodwracalny proces eksploatacji, a więc zużywania. Dostajesz nowiutką, zachwycającą osobę do kochania, a wraz z upływem czasu dostrzegasz, że tu i ówdzie się poprzecierała, sfilcowała, uszko jej się naderwało, puścił szew na plecach, zatraciła ten przyjemny zapach nowości, który został zastąpiony smrodkiem kurzu, śliny, oparów kuchennych, codzienności.

Zachowujemy się w stosunku do siebie jak konsumenci. Telefon, tak przed chwilą upragniony, zaczyna wkurzać, gdy na rynku pojawia się nowy model. Stary ma wszystko, co trzeba – duży ekran, wiele aplikacji, internet – ale pojawienie się nowego wywołuje niemal swiąd skóry na całym ciele i przygnębienie, które uśmierzyć może tylko zakup. I znów radość, znów chwilowa. Partnera traktuje się podobnie.

Zakochanie – ten narkotyczny odpał, mania, moment, gdy grawitację mamy za nic, a rzeczywistość wokół korygowana jest przez photo- i audioshop – przynosi tak spektakularne doznania, że kiedy mija, powracamy do trybu „rozczarowanie i tęsknota". To wtedy pojawia się przestrzeń dla tej trzeciej, tego trzeciego. Dlaczego decydujemy się na szpagat, trzymanie jednej nogi przy żonie lub mężu, a drugiej w mieszkaniu kochanki lub kochanka? Bo gdzieś w głębi duszy wiemy, że historia się powtórzy, że jedyną szansą na przedłużenie manii jest trzymanie prezentu w pudełku i zabawa nim od czasu do czasu, żeby się nie zużył, nie zakurzył, nie znużył nas, nie nasiąknął zapachami codzienności.

Żona zdaje co rano relację z twojego chrapania, a od kochanki możesz wyjść, zanim zaśniesz. Przy żonie brzuch już się wylał zza paska, a przy kochance możesz go przez czas spotkania powciągać. Twoje dowcipy nie przebijają się przez płacz dziecka, a u kochanki jest cicho i możesz opowiedzieć nawet te stare. Żona jęczy, że za mało zarabiasz, a kochance dasz drobiazg z Apartu i pomyśli, że świetnie ci się powodzi. I ona też jęczy, ale z udawanej lub nie rozkoszy. W domu wkurwiasz, a u kochanki budzisz zachwyt. Albo: mąż gapi się na telewizor, a kochanek na ciebie. Mąż w milczeniu wciąga makaron, a kochanek nawija ci go na uszy. Mężowi od wielkiego dzwonu wystarczy, że się odwrócisz na bok, by mógł się parę razy w tobie poruszyć, a kochanek zrywa zębami twoje majtki i wychylając się zza wzgórka łonowego, cały w twoich sokach syczy: Boże, szaleję za tobą. I daje drobiazg z Apartu.

Dzięki kochance i kochankowi małżeństwo staje się łatwiejsze do udźwignięcia. Jednocześnie wygrywacie w oczach społeczeństwa jako mąż i żona, ludzie, którzy wywiązali się z obowiązku założenia podstawowej komórki społecznej, i nie narażacie się na ostracyzm spowodowany rozwodem.

Chyba idealne połączenie to kochanka, która jest czyjąś żoną, i kochanek, który ma żonę. Niestety kochankowie występujący w roli wolnych strzelców potrafią czasem zażądać wyłączności, zapragnąć wyjść z roli chatki na Mazurach, by stać się mieszkaniem w mieście, głównym adresem. Ta trzecia na życie pragnie ciebie, mężczyzny z płaskim brzuchem, bo nie wie, że go przy niej wciągasz. Zaczyna walczyć. Przychodzisz w odwiedziny, po uciechę, a ona naburmuszona jakaś. Rzucasz dowcip, a ona nic. Wyciągasz z kieszeni bransoletkę z koniczynką, a ona na to, że ma dosyć życia w ukryciu, że chce chodzić z tobą za rękę po mieście, poznać twoich znajomych, pokazać cię rodzicom. Zakładasz jej czułym gestem pasmo włosów za ucho, a ta w płacz. Tłumaczysz, że żona, że dzieci, że żona się zabije, jak odejdziesz, że tak jest lepiej. Wiesz, że z seksu nici. Wychodzisz. A ta ściga cię esemesami. No to piszesz, że dobra, że porozmawiasz z żoną, ale po świętach. Wiesz, że nie porozmawiasz, ale do świąt kochanka będzie udobruchana, więc znów będzie miło i z seksem, a potem się zobaczy. Potem będą inne święta.

Tak samo z kochankiem. Zaczyna go denerwować, że wracasz do męża. Wypytuje, czy wciąż sypiacie razem. Ty na to, że nie, że ty tylko z nim. Tu jednak się zatrzymam, bo nie znam przypadku, żeby ten trzeci nalegał, by kochanka odeszła od męża; no chyba, że jakiś histeryk psychopata, ale wtedy to na policję się idzie, a nie pozwala kontynuować naleganie.

Rola kochanki jest bardzo niewdzięczna, szczególnie gdy nie jest celem samym w sobie, a etapem na drodze do bycia żoną. Ile kobiet czeka latami, aż ukochany wreszcie odejdzie od poślubionej. Czekają czasem od rozkwitu aż do przekwitania. Bezdzietne, bo tylko z tym konkretnym chcą mieć dzieci. Z elastycznym kalendarzem, do którego z zasady nie warto niczego wpisywać, bo nic nie jest pewne – pierwszeństwo w planowaniu ma jednak żona. No i w ukryciu, bo nawet w wielkim mieście można nieoczekiwanie natknąć się na kogoś, kto doniesie żonie, co byłoby szansą na wyjście z ukrycia, ale przecież on mógłby się zezłościć, a nawet odkochać. Zresztą obiecał, że sam to załatwi, tylko czeka na odpowiedni moment, który po prostu od piętnastu lat nie nadszedł.

Pytanie: Dlaczego kobiety decydują się na skierowanie wzroku w stronę kogoś, kto jest zajęty? Pewnie dlatego, że obserwują ukradkiem małżeństwa koleżanek, które sprawiają wrażenie szczęśliwych ze swoimi mężami. Czasem głupio się przyznać w rozmowie z przyjaciółką, że za zamkniętymi drzwiami wcale nie jest tak różowo, więc snuje się opowieść o cudownym pożyciu, co koleżanka odbiera jak reklamę produktu i reaguje jak zachęcony reklamą klient, który marzy o zakupie. Czasem naprawdę wszystko się zgadza, nic nie trzeba mówić, bo to widać gołym okiem, więc samotna koleżanka zazdrośnie patrzy i tylko czeka na okazję, by wyrwać tego supermisia z rąk właścicielki. W pewnym wieku znalezienie wolnego mężczyzny graniczy z cudem. Jeśli jest wspaniały, to czemu jest wolny w wieku czterdziestu lat? Trzeba grzebać pośród wdowców, rozwodników lub zajętych, niestety.

Często kochanki to te, które nie lubią innych kobiet. Czują nad nimi przewagę. Czują się znacznie lepsze od żon, patrzą na nie z politowaniem i nie mogą się wprost nadziwić, że taki fajny facet wylądował u boku kogoś tak przeciętnego. Często również kochanki to te, których ojcowie zdradzali matki. W myśl zasady: mnie zabrali tatę, to i ja będę zabierała, gdy dorosnę. Nie chcą cierpieć jak porzucona matka, więc wybierają rolę wolnych strzelczyń, które sieją spustoszenie wśród małżeństw.

Miłość – ta głęboka, która ma szansę się rozwinąć dopiero wtedy, gdy szaleństwo zakochania minie – nigdy nie była łatwa. Dziś wydaje się jeszcze trudniejsza. Ludzie najchętniej zupełnie wyeliminowaliby z życia wysiłek. Nie chcemy się męczyć, chcemy, żeby było łatwo, bez wychodzenia z domu, wstawania z kanapy. Oduczamy się brania odpowiedzialności za cokolwiek. Kiedy jest nam źle, obwiniamy o to świat i ludzi, pragnąc, by ten sam świat i ci sami ludzie przywrócili nam dobrostan. Kobieta w domu unieszczęśliwia mężczyznę, kobieta na zewnątrz ma mężczyznę uszczęśliwić.

Czy byłam tą trzecią? Tak. Czy byłam tą siedzącą w domu, zdradzaną? Tak. Nigdy więcej tą trzecią nie będę, bo tego rodzaju wstyd, poczucie winy i upokorzenie można udźwignąć tylko raz. Bycie tą zdradzaną zbudziło mnie ze snu, w którym naiwnie wierzyłam, że mogę wczepić się pazurami w drugiego człowieka i oczekiwać, że poniesie mnie ku słońcu. Przebudzona, przytomna biorę pełną odpowiedzialność i idę w stronę słońca o własnych siłach. Przyznaję partnerowi status równego sobie. Puszczam go wolno – nie ma łańcucha, z którego musiałby się zrywać. Może biec lub zostać, jak długo zechce. Ja, tak czy siak, idę.

Nie potrzebuję działki na Mazurach, bo się nie męczę. Nie potrzebuję prezentu, bo wszystko już mam.

PS Nie potrafię zrozumieć, po co kochanka lub kochanek ludziom bezdzietnym w nieformalnych związkach. Trzymasz się kogoś, z kim łączy cię luźna fastryga, rozgrywając na boku równoległą partię. Dlaczego? Walisz kogoś po rogach. Ze strachu? Żeby nie wyjść na złą lub złego? Z litości? Dla wygody? To niegodne.

Stara miłość nie rdzewieje

Czemu „była", kiedy się dowie, że facet znalazł sobie „obecną", zmienia kurs na „cała wstecz", by znów „obecną" się stać? Przeanalizujmy następujący przypadek. Kobieta po wielu latach związku, którego owocem jest dziecko, stwierdza, że mężczyzna od tej szczoteczki do zębów, co opiera się o jej szczoteczkę, nie jest tym, kogo szukała. Patrzy zniesmaczona, jak mężczyzna snuje się po mieszkaniu, i dochodzi do wniosku, że on nie pasuje do wystroju wnętrza. Gdziekolwiek stanie, zaburza estetykę. Jest za niski, zbyt krępy, ma nijaki kolor włosów i dziesięć serdelków zamiast palców. Wcale nie jest zabawny, choć usilnie się stara, a nawet gdyby był, to tego głosu po prostu nie da się słuchać. Poza tym mężczyzna jest za delikatny w łóżku. Traktuje kobietę jak porcelanową lalkę, drogocenny znaczek pocztowy, a ona, jeśli już musi być porcelaną, to potłuczoną, jeśli znaczkiem, to naddartym. Mizianie serdelkami doprowadza ją do szału. On źle wkłada, źle wyjmuje smutne jak ugotowana biała kiełbasa prącie. W tempie poloneza, gdy ona stworzona jest do salsy. Kobieta nie może zrozumieć, dlaczego znajomi się nim zachwycają, dlaczego tak do niego lgną. Przecież gołym okiem widać, że to nudziarz. Kobieta często myśli, że marnuje się przy nim, traci najlepsze lata. Zdarza jej się poniżyć go w rozmowie, prychnąć lekceważąco. Porównuje go z każdym napotkanym facetem i on ze wszystkimi przegrywa w przedbiegach. Któregoś dnia kobieta poznaje partnera do salsy. Tańczą w pokojach hotelowych, u niego lub u niej, gdy nudziarza nie ma. Ona czuje się najlepszą tancerką na świecie. Salsa przestaje jej wystarczać. Przez jakiś czas ćwiczy tango ze starszym panem, potem rock and rolla ze znacznie młodszym. Wieczorami jest tak zmęczona, że zasypia, zanim nudziarz poprosi do poloneza lub po pierwszych jego taktach. W końcu on przestaje prosić. Widzi, że kobieta ma pozdzierane w tańcu trzewiki, a wie, że z nim na parkiecie nie była całe wieki – głupi nie jest. Bardzo mu na niej zależy, więc proponuje, że nauczy się innych kroków, ale ona nie jest zainteresowana, bo ma do każdego tańca innego Maseraka. Mężczyzna nie jest w stanie dłużej znosić upokorzeń i wyprowadza się z domu. Cierpi na drugim końcu miasta. Jest zmuszony widywać kobietę, bo przecież mają dziecko. Ona z kolei twierdzi, że nareszcie czuje się wolna i szczęśliwa.

Mija kilka lat. Mężczyzna poznaje miłą, śliczną kobietę, która docenia i uwielbia go we wszystkich aspektach. Lubi jego silne, choć delikatne i czułe dłonie. Jego obecność dodaje uroku mieszkaniu, które staje się domem, gdy tylko on w nim przebywa. Dużo się śmieją, bo on jest niesamowicie zabawny, a barwa jego głosu kojąca. Kochają się często, a kobieta ma wrażenie, że każdy fragment jej ciała jest ostemplowany pocałunkami i doceniony. Wirują w rytmie walca, bo to ich ulubiony taniec.

Do „byłej" docierają w końcu wieści o tym szczęściu. Nudziarz spotkał nudziarę – myśli i śmieje się głośno na wspomnienie dziesięciu serdelków. Nie jest jej do śmiechu, gdy spotyka zakochanych na ulicy. On wygląda zupełnie inaczej niż kiedyś.

– Urosłeś?

– A skąd.

– No ale palce musiałeś zoperować.

– Oszalałaś?

– Co jest z twoim głosem? Miałeś przeszczep strun głosowych? Nie brzmi jak dawniej.

– Brzmi identycznie. Świetnie, że na siebie wpadliśmy. To jest moja ukochana, pobieramy się wkrótce.

– Pani wie, że on nie umie tańczyć?

– Słucham? On tańczy znakomicie, startujemy w turniejach tanecznych, mamy niezliczoną ilość pucharów.

Kobieta wraca do domu, potykając się o rysy na chodniku. Siada w płaszczu na kanapie i myśli: Zawsze go kochałam. Był najlepszym, co mnie w życiu spotkało. Nie mogę go stracić.

Historia, jakich wiele. W popularnym scenariuszu kobieta zaczyna uprzykrzać życie byłemu i obecnej. Ma tylko jeden cel – krzyknąć do nich: Odbijany! Zdaje się nie widzieć, że mężczyzna nie zmienił się w najmniejszym stopniu, że wciąż jest wszystkim tym, co miała w bezgranicznej pogardzie. Jestem absolutnie pewna, że gdyby udało jej się zawołać go wystarczająco głośno, by usłyszał i wrócił, wcześniej czy później na widok jego palców znów pomyślałaby o musztardzie i prażonej cebulce.

Jeśli zapomnimy, co nas urzekło w drugim człowieku, to może warto spróbować sobie przypomnieć, zanim nasze drogi się rozejdą? A jeśli już tak się stanie, uszanujmy to, że niektóre historie się kończą, i nie próbujmy dopisywać do nich postscriptum.

Salto mortale

Przynajmniej raz w miesiącu słyszę, że kolejny mężczyzna w średnim wieku wyskoczył w popłochu z dotychczasowego życia, jakby wyskakiwał z płonącego mieszkania na skokochron, tylko w tym przypadku upadek z dużej wysokości amortyzuje kobieta. Młodsza kobieta. Mam wrażenie, że liczba takich przypadków wyraźnie wskazuje na to, że mamy do czynienia z pewną normą, a nie odchyleniem od normy.

Mężczyzna w średnim wieku albo ma rodzinę i odniósł sukces, albo ma rodzinę i sukcesu nie odniósł. Po pięćdziesiątce przedstawiciele obu grup pewnego dnia lądują w tym samym zacienionym miejscu, w którym spełnienie lub jego brak nie mają najmniejszego znaczenia. Zaczynają się ciężkie westchnienia, wpatrywanie się w jeden punkt przestrzeni, kłopoty z zaśnięciem nocą, ucieczki w sen za dnia. Nie sposób usłyszeć męskiego gromkiego śmiechu, wygłupy wylatują z życia, a nawet z zasobu słów. Mężczyzna przestaje odpowiadać, zaczyna odburkiwać. Głos żony staje się białym szumem, ucho nie jest w stanie rozpoznać poszczególnych słów, odbiera jedynie ciągłe „szszszszszsz", które ustaje, gdy małżonka śpi lub wychodzi. W uszach i nosie mężczyzny pojawiają się włosy. Pośladki więdną. Mężczyzna często chucha w dłoń, by wciągnąć nosem złapany w nią oddech, którego zapach przywodzi na myśl wnętrze taksówki prowadzonej przez emeryta. Poranne wstawanie nie przebiega lekko, wymaga rozgrzewki na leżąco.

Kiedy mężczyzna po raz pierwszy dowiaduje się, że znany mu inny mężczyzna miał zawał, do jego świadomości dociera z całą mocą, że śmierć istnieje. Mężczyzna oblewa się zimnym potem, przykłada dłoń do serca, jakby przez skórę i żebra próbował rozpoznać, w jakiej jest formie. Od tego momentu zaczyna nasłuchiwać komunikatów płynących z organizmu. Skanuje w myślach ciało od góry do dołu, omijając prostatę, choć wie, że już pora, że dotarł do tego momentu w czasie, gdy będzie musiał pozwolić, by obcy palec spenetrował to ciche, ciemne miejsce, przez które można się do niej dostać. Ale na to nie jest jeszcze gotowy, tym się zajmie kiedy indziej.

Mniej więcej wtedy po raz pierwszy słyszy w myślach swój głos: I to już wszystko? I to już koniec? Nic więcej mnie już nie czeka, tylko dożyć do śmierci? Gdyby mężczyznom wypadało płakać, zapłakałby z pewnością, jednak pozwoli sobie tylko na kolejne, tym razem naprawdę długie i ciężkie westchnienie. Potem to już tylko kwestia czasu, gdy postanowi się nie dać, przechytrzyć śmierć, wystrychnąć ją na dudka. Wejdzie w fazę łudząco przypominającą dojrzewanie. Zapragnie wolności, zatęskni za zabawą. Tu akurat sukces lub jego brak decydują o tym, jakie kroki podejmie, na co go będzie stać. Zapisze się na tenisa, na squasha, kupi nowe auto, gitarę albo aparat fotograficzny. Jeśli nie jest zamożny, to pojedzie na ryby, zaprosi kumpla na piwo, kupi model samolotu do sklejania, oklei listwą ledową wszystkie miejsca, w których ściany stykają się z sufitem, albo przytarga z ulicy wyrzuconą przez kogoś komodę i zreanimuje ją, nie pozwoli jej przeminąć, zmarnieć, umrzeć. Alkohol może zacząć odgrywać znaczącą rolę, bo sprawia, że obraz rzeczywistości staje się przyjemnie nieostry, a wyraźne widzenie to ostatnie, czego mężczyzna pragnie.

Dzieciak w okresie dojrzewania buntuje się przeciwko rodzicom. Mężczyzna w wieku średnim w roli rodziców obsadza żonę. Nie będziesz mi mówić, co mam robić. Chyba mam prawo? Wrócę, o której zechcę, jestem dorosły! I jak każdy nastolatek marzy, by się zakochać, bo pamięta, że wtedy człowiek czuje, że żyje, a on jakby przestał czuć w ostatnim czasie. Mężczyzna sukcesu właściwie nie musi się bardzo starać. Dziewczyna do zakochania pojawi się sama, przywoła ją błysk karoserii, zapach ekskluzywnej wody po goleniu, markowy zegarek. Mniej zamożny musi szukać, posiłkować się urokiem osobistym, ewentualnie ograniczyć target do dziewczyn, którym stan posiadania nie imponuje. Może się zdarzyć, że niestety będzie musiał się zakochać w dojrzałej kobiecie i zadowolić tym, że co prawda jest stara jak żona, ale nie jest nią, a to przecież najważniejsze. Ale to tylko w ostateczności.

Kiedy mężczyzna się zakocha, to jest w domu. Jakby się podpiął do prądu, jakby odczepili mu wagony albo jakby przeszedł na paliwo odrzutowe. Powraca uśmiech, mężczyzna zaczyna pogwizdywać, zdarza mu się pokonać dwa schodki naraz. Już nie wpatruje się przygnębiony w jeden punkt, on na powrót zaczyna marzyć. Człowiek z zasady nie widzi siebie, więc kiedy podczas seksu obcuje z młodym, jędrnym ciałem, wydaje mu się, że i jego ciało jest młode. Starzejące się ciało żony było jak lustro, w którym mężczyzna oglądał własne przemijanie, a jej oczy bez blasku odbijały jego matowe spojrzenie.

Mężczyzna naprawdę wierzy, że oto znalazł formułę nieśmiertelności. Stwierdza, że pozostanie w scenografii, w której śmierć przyszła mu do głowy, w której żona szumi, a pogadać można tylko z telewizorem, stanowi zagrożenie dla jego życia. Decyduje się na ewakuację. Nie ma sensu z mężczyzną w tym stanie dyskutować. Nie ma co zasłaniać ciałem drzwi, rzucać się na maskę samochodu, szarpać odchodzącego za poły marynarki. On ucieka przed umieraniem. To dosłownie sprawa życia lub śmierci.

Niestety nie da się uciec. Dlatego powtarzam, że wprawki w umieraniu powinny zaczynać się w podstawówce. Apeluję o przywrócenie śmierci do rozmów, a przede wszystkim do świadomości. Wiem, że temat nie ma wzięcia, nacechowany jest szalenie negatywnie. Może jednak spróbowalibyśmy go odczarować? Dla własnego dobra. Gdybyśmy się tak strasznie nie bali, nie podejmowalibyśmy absurdalnych prób ucieczki od śmierci poprzez zamianę życia, które dobrze znamy, na nowe, na którego końcu i tak będzie nas ona wyczekiwać.

Będziemy mieli dziecko. Mieli?

Mieć dziecko. Posiadać dziecko. Piszę to jako byłe dziecko do byłych dzieci w was.

Chciałabym natychmiast wymazać z ogólnoludzkiej świadomości tytułowy konstrukt. Dziecko nie jest elementem stanu posiadania. Rodzice nie są właścicielami dziecka. Posiadać można radio i w dowolnym momencie je włączać lub wyłączać albo zmieniać stację na pasującą do nastroju. Posiadać można szafę pełną ubrań, wyciągać z niej co rano odpowiedni zestaw, a o wielu ciuchach nie pamiętać przez lata. Można je oddać, odsprzedać, wymieniać co sezon na aktualnie modne, a z niemodnych się śmiać i powtarzać: Boże, co ja miałam w głowie, że to kupiłam? Można nadać nowe przeznaczenie starym ciuchom i zrobić z nich szmaty do podłogi. Kiedy matka mówi: Kup sobie ten szary płaszcz, potrafimy odmówić. Kiedy matka mówi: Pora na dziecko, chcę mieć wnuki, wiele z nas pod wpływem presji decyduje się zajść w ciążę.

Rozważasz zajście w ciążę? Zadaj sobie kilka pytań. Czy to, co wiem na temat życia i świata, stanowi wiedzę, którą chcę przekazać dalej? Czy wzorce i przekonania, na których zbudowałam swoją codzienność, sprawiają, że jestem szczęśliwa? Czy mój przykład działa? Czy kocham siebie w takim stopniu, jaki pozwoli mi naprawdę kochać dziecko? Czy w ogóle wiem, czym jest miłość?

To tak na początek.

Wymienię teraz kilka popularnych argumentów, które przemawiają za podjęciem decyzji o powołaniu człowieka na świat.

- Mąż nalegał, chciał MIEĆ dziecko.
- Był ślub, no to teraz pora na dziecko.
- Wszyscy już mają, a my?
- Pięćset piechotą nie chodzi.
- Wreszcie będę miała kogoś tylko dla siebie.
- Babcia będzie mogła spokojniej umrzeć, gdy urodzę.
- Żeby pierwsze dziecko się nie nudziło. Zajmą się sobą, a my będziemy mieli więcej luzu.
- Żeby ktoś podał szklankę wody na starość.
- Żeby uratować małżeństwo.
- Żeby się odmłodzić.
- Bo są takie fajne ubranka dla dzieci.
- Mąż powiedział, że jak się zajmę dzieckiem, to przestanę marudzić.

Jeśli płaczesz w kuchni, a twój książę leży pijany w poprzek łóżka, to uwierzysz, że dziecko wniesie wiosnę do waszego domu? Czy masz pewność, że będziesz tak cudownym rodzicem, że dziecko będzie chciało cię znać, gdy będziesz stara, i faktycznie poda szklankę wody? Czy zdajesz sobie sprawę, że pięćset to dużo na zakup zapałek, ale strasznie mało, by zaspokoić wszelkie potrzeby dziecka? Czy wiesz, że jeśli masz w sobie loch łaknący miłości, to dziecko nie ma szans go zasklepić, bo najpierw musi poczuć twoją miłość? Czy rozumiesz, że dzieci nie potrafią ratować małżeństw, najwyżej wezmą na siebie winę za ich ostateczny rozpad? Czy wiesz, że z ubranek się wyrasta, a macierzyństwo w niczym nie przypomina przebierania lalek, które sprawiało ci tyle radości w dzieciństwie? Czy dopuszczasz myśl, że i tak się zestarzejesz i dziecko nie zatrzyma tego procesu?

Tak wielu z nas, dorosłych, nadal nosi w sobie dziecięcy strach, który budzi gwałtownie nocą. Tak wielu zaciska nieświadomie zęby z nienawiści do ojca czy matki, którzy wyrządzili nam krzywdę. Próbujemy udawać dorosłych, by nadążyć za metrykami, a tak naprawdę jesteśmy dziećmi w starzejących się ciałach – zawiedzionymi, zagubionymi, z plecakami, w których równie niedorośli rodzice umieścili wstyd, żal, gniew i przeświadczenie, że jesteśmy niewiele warci.

Tak bardzo bym chciała dożyć momentu w historii, gdy ta sztafeta zostanie przerwana.

Kiedyś przeczytałam, że dzieci powinno się zapraszać na świat, kiedy jest się w wieku średnim, a młodość przeznaczyć na spotkanie ze sobą. Odchodzę z gniazda, wyszarpuję z siebie kabel pępowiny, siadam na kamieniu, opatruję wszystkie rany, pozwalam im się zagoić. Potem czyszczę się ze wszystkich trefnych przekazów, a w ich miejsce zaszczepiam takie, które pozwolą mi odkryć pełnię mojego potencjału. Uczę się dbać o siebie, a gdy wreszcie staję się sobie autentycznie bliska, zaczynam obsiewać puste pole własnej egzystencji. Po latach sprawdzam owoce, a jeśli zachwycają soczystością, nabieram pewności, że oto jestem gotowa zaopiekować się dzieckiem, którego nie będę „posiadać", któremu postanawiam z miłością asystować, by puścić je wolno, gdy będzie na to gotowe.

Tylko linie lotnicze skumały, że najpierw zakładasz maskę sobie, a potem dziecku. Dziecko to nie żart, eksperyment, punkt na liście zadań do odhaczenia. To człowiek – niezwykle cenny i bardzo delikatny. Odpowiednio i z szacunkiem traktowany pomnoży światło. Uprzedmiotowiony, bezrefleksyjnie prowadzony zasili ciemność, której jakby więcej i więcej na świecie.

Ja urodziłam dziecko, mając dwadzieścia pięć lat; bardzo wcześnie jak na obecne standardy. Żałuję, że syn był świadkiem mojego dorastania, które dokonało się niedawno. Tak bardzo się starałam być dobrą matką, ale wiem, że wielokrotnie dałam ciała. Pomaga mi się z tym pogodzić przekonanie, że i w tym, jak we wszystkim, jest głębszy sens, tylko może go jeszcze nie dostrzegłam.

Piszę to wszystko, bo każdy moment jest dobry, by zrozumieć, że człowiek jest cenny i tak go należy traktować. Nie jak radio, nie jak ciuchy. Nie decydujcie się na dziecko z powodu presji rodziny, partnera czy tej społecznej. Ani z egoistycznych pobudek. Obiecajcie.

Najgorsza przyjaciółka, czyli matka

Pewien terapeuta powiedział mi kiedyś: Jeśli osoba rozłożona na kozetce w pierwszych słowach, z niejaką dumą, komunikuje: Mama jest moją najlepszą przyjaciółką, to wiem, że problem jest realny, poważny, a jego źródło podane na tacy. Zgadzam się, bo zbiegłam z kozetki, gdy na moje: Mama jest moją najlepszą przyjaciółką usłyszałam: Zaczniemy zatem od mamy. Uznałam, że terapeuta jest niekompetentny, niezdolny do udzielenia mi pomocy, skoro proponuje na początek oddychanie usta-dupa, czyli bez sensu. Moje wzburzenie nie miało granic, a sytuacja położyła się głębokim cieniem na terapii jako takiej. Muszę jednak przyznać, że ziarno zostało zasiane. Pobudzałam je do wzrostu codziennymi rozmyślaniami. To pierwotne wzburzenie, wręcz nieproporcjonalnie silne, biorąc pod uwagę propozycję terapeuty, świadczyło o tym, że coś może być na rzeczy.

Moja mama jako żona marynarza pozostawała przez większą część roku w stanie specyficznego zawieszenia. To charakterystyczne dla kobiet, które czekają. Żyłyśmy obie od wyjazdu do przyjazdu ojca. Samotność marynarzowych sprawia, że ich dzieci często przejmują część mężowskich obowiązków. Stają się powiernikami, wypełniają pustkę. Kiedy mąż na chwilę wraca, mają obowiązek usunąć się w cień, by rodzice mogli realizować ideę małżeństwa, nadrobić zaległości wynikające z oddalenia. To wtedy córka, która śpi z matką, żeby było raźniej, musi zabrać poduszkę i płynąć samotnie przez noc na tratwie swojej wersalki do czasu, aż ojciec znów wyjedzie, a mama będzie potrzebowała pociechy. W takim systemie nietrudno o pomieszanie ról, wytworzenie w dziecku wrażenia, że jest kimś więcej niż tylko dzieckiem.

Matki przyjaciółki to te, które rodzą dziecko, żeby wreszcie mieć kogoś tylko dla siebie, mieć kogoś własnego. Nie mogą się wprost doczekać, kiedy dziecko zacznie mówić, by mieć wreszcie z kim pogadać. To matki, które porzuciły marzenia i traktują dzieci jak filie samych siebie. To matki rozczarowane światem i ludźmi, które pragną kontaktu z kimś, kto nigdy nie zawiedzie, będzie na zawsze, wysłucha, zrozumie. To matki, które same są troszkę dziećmi, więc łatwiej im kolegować się z dzieciakami niż z dorosłymi, bo tym – jak pokazuje ich doświadczenie – lepiej nie ufać.

To wrażenie pozostawania w przyjaźni buduje się na dopuszczaniu dziecka do tematów, sytuacji, które zazwyczaj nie powinny dzieci dotyczyć.

– Nie mów tacie, że wujek u nas bywa. To będzie nasza tajemnica.

– Płaczę, bo tata nas nie kocha, ale kiedy jesteś przy mnie, to od razu czuję się lepiej.

– To już lepiej zapalmy razem, skoro palisz. Jak tam? Robiliście to już z Marysią?

– Ojciec każe mi usunąć ciążę, ale jak mi pomożesz z tym dzieckiem, to urodzę.

Albo nie pozwala się dziecku wyjść do świata, postawić samodzielnie kroku, bez natrętnie czułej asysty.

– Zaproś koleżanki, to posiedzimy, pogadamy w babskim gronie.

– Wyprawimy urodziny dla najbliższych, a drugie dla znajomych. Też będę.

– Na co idziecie z Markiem do kina? To i dla mnie weźcie bilet.

– Kupiłam nam karnety na Open'era. Uwielbiam te koncerty i noce na polu namiotowym.

– Mów mi po imieniu.

Matka przyjaciółka kocha zwierzenia. Uwielbia zwierzać się dziecku i łaknie jego zwierzeń. W związku z tym nie toleruje tajemnic. Jeśli przemilczysz cokolwiek, narażasz waszą przyjaźń na szwank. Potrzebuje codziennego kontaktu. Nieważne, że masz urwanie głowy w pracy, własną rodzinę, znajomych. Ona wymaga przynajmniej rozmowy telefonicznej. Chętnie punktuje wady twojego chłopaka lub męża, szczególnie gdy odwraca on twoją uwagę od wypełniania przyjacielskich zobowiązań. Bez przerwy przypomina, że w każdej chwili możesz wrócić do domu, do niej. Jak na dobrą przyjaciółkę przystało, życzliwie zwróci ci uwagę, że przytyłaś, że powinnaś znów czesać się z przedziałkiem pośrodku, że z urody jesteś zimą jak ona, więc te kolory nie są dla ciebie. Poprosi, byś w ramach przyjacielskiej lojalności nie spotykała się z ojcem i jego nową żoną, bo to rani. Z matką przyjaciółką jesteś niczym ptak, który osiągnąwszy dojrzałość, uświadamia sobie, że poleci tylko na odległość żyłki, która łączy szyję z gniazdem. Nie dalej.

Po latach zrozumiałam, że jest coś niehigienicznego w przyjacielskiej relacji z matką. Takiej przyjaźni, w przeciwieństwie do innych, nie da się zerwać, nawet gdy narusza nasze granice. Bardzo sobie ceniłam to, że mój syn chętnie dzielił się sobą, dopuszczał mnie do swojego życia. Przyszedł jednak moment, gdy po raz pierwszy powiedział: Nie chcę z tobą o tym rozmawiać. Bolało. Chyba nawet przeżyłam mikroszok, uroniłam parę łez. Jednak, świadoma wszelkich uciążliwości wynikających z przyjaźnienia się z matką, zacisnęłam zęby, błyskawicznie przywołałam się do porządku i zajęłam pozycję na krawędzi gniazda, patrząc, jak mój syn podrywa się do lotu. Swobodnego lotu.

Nie jestem matką przyjaciółką. Jestem matką. No, powiedzmy, że nadmiernie przeżywającą, ale matką. U ptaków nie zdarza się, żeby dorosłe osobniki podtrzymywały relację z rodzicami, u ludzi jest to dopuszczalne, mówi się, że wręcz konieczne, lecz, moim zdaniem, nie może się odbywać pod przymusem. Jestem, będę, póki żyję, zawsze dostępna. Gdy syn potrzebuje, wie, gdzie mnie znaleźć. Lecz dla dobra nas samych i naszych dzieci musimy zaakceptować rolę, jaka stała się naszym udziałem: pierwszoplanową we wczesnym okresie macierzyństwa i trzecio-, a nawet czwartoplanową – gdy przyjdzie na to czas.

Najlepszą radą, jaką możemy dać dziecku, jest: Rób, jak uważasz. Choć to trudne, nie mamy innego wyjścia, niż pozwolić mu przeżyć życie samodzielnie. I spróbować samodzielnie przeżyć swoje.

W koło Macieju

Przeczytałam o eksperymencie przeprowadzonym na szczurach – polegał na umieszczeniu jednego z nich w klatce, do której prowadziły cztery tunele. Na końcu tunelu A umieszczono ser. Wygłodniały szczur zwąchał przysmak, dotarł do niego i go zjadł. Następnego dnia, równie głodny, w tunelu A ponownie znalazł ser i ponownie go zjadł. I tak kilkakrotnie. Któregoś dnia ser umieszczono w tunelu C. Głodny szczur wszedł do tunelu A, przyzwyczajony, że tam znajdzie przysmak. Jakież było jego zdziwienie, gdy okazało się, że nic tam na niego nie czeka. Podenerwowany wrócił do klatki, pokręcił się po niej i wrócił do znanego tunelu. I tak kilka razy. W pewnym momencie zrozumiał, że w tunelu A żarcia nie ma, i zdecydował się sprawdzić pozostałe tunele. W rezultacie, gdy wlazł do tunelu C, znalazł to, czego desperacko szukał. Ta mała istota, której mózg rozmiarem znacznie odbiega od ludzkiego, zdawszy sobie sprawę, że jedna metoda nie przynosi rezultatów, postanowiła wypróbować inną. Dlaczego więc człowiek uparcie powiela schematy, które ewidentnie się nie sprawdzają?

Znam babkę, która czuje się zawiedziona życiem. Kiedy się zastanawia, co tu zrobić, żeby wreszcie poczuć szczęście, zawsze przychodzi jej do głowy remont kuchni. Najpierw chce białe fronty z połyskiem, tylko dolne szafki, na ścianie beton, półki – i wszystko będzie dobrze. Kilka miesięcy później stwierdza, że jednak szare fronty, białe kafelki na ścianie, a zamiast półek szafki wiszące – i wtedy życie się ułoży. Potem, że jednak kuchnia w kształcie litery L, sosnowe fronty, czarne kafelki, szafki wiszące, ale otwierane do góry, a nie na boki, biały okap i oddzielnie stojąca lodówka – i wówczas szczęście się pojawi. To trwa od trzech lat, pochłania sporo pieniędzy i nerwów, jak każdy remont, ale szczęście trzyma na dystans.

Moja mama i jej siostra, odkąd pamiętam, kłócą się o to, która miała gorzej w dzieciństwie. Są po siedemdziesiątce. Z dowolnego tematu potrafią się odbić, by wylądować w piekle tej samej potyczki. Schemat wygląda mniej więcej tak:

Oglądają serial.

– Szlag mnie trafi, jeśli jej wreszcie nie pocałuje!

– Bo ty zawsze oczekujesz, że będzie tak, jak chcesz, a życie nie na tym polega.

– Odezwała się ta, co wie, na czym życie polega!

– No oczywiście, zapomniałam, że tylko ty wiesz wszystko. Od dziecka to masz.

– Nie zaczynaj! Akurat w dzieciństwie to ty wiedziałaś i miałaś wszystko. Ja nie miałam nic!

– Ty nie miałaś nic?! To tobie matka szyła sukienki, a ja dostawałam znoszone!

– I dobrze! Przynajmniej tyle miałam z tego życia, bo rodzice zawsze woleli ciebie!

– Bo byłaś krnąbrna! Pyskowałaś! Ja byłam przylepna, bo jestem bardziej uczuciowa!

Tu obu nabrzmiewają żyły na skroniach, a sąsiadom pękają kryształowe kieliszki w kredensie od natężenia wrzasku.

– Czemu nie możecie uznać, że każda ma swoją prawdę? – pytam, jeśli jestem w pobliżu.

– Nie pozwolę, żeby mówiła, że miała gorzej, skoro to ja miałam gorzej!

– Nie masz pojęcia, jak miałam, bo nie byłaś w mojej skórze! Tylko ja w niej byłam i wiem, jak miałam! Gorzej miałam!

– Prędzej umrę, niż przyznam ci rację!

– O nie, moja droga, to ja prędzej umrę, niż przyznam rację tobie!

I tak w koło Macieju, dzień w dzień, odkąd nauczyły się mówić.

Miałam koleżankę, której zdradzałam coś w zaufaniu, a ta za każdym razem roznosiła to po świecie. Czemu latami, wiedząc, jak to się skończy, wierzyłam, że następnym razem będzie inaczej?

Czemu dzwonimy do chłopaków, którzy ewidentnie nas unikają?

Czemu pożyczamy pieniądze tym, którzy nigdy ich nie oddają?

Czemu wybaczamy mężom, którzy notorycznie kłamią?

Czemu ufamy żonom, które nie raz zdradziły?

Dlaczego obrażamy ludzi, a potem narzekamy na samotność?

Dlaczego się dziwimy, że dzieci nie dzwonią, skoro gdy dzwonią, to je krytykujemy?

Dlaczego jemy to, co nam szkodzi?

Dlaczego się upijamy, gdy nam smutno, skoro smutek nie mija?

Co w nas powoduje, że nie przyswajamy tych wszystkich lekcji, jesteśmy ślepi na wskazówki, które ludzie przynoszą nam jak na tacy? Nic się nie zmieni, jeśli nic się nie zmieni. Jeżeli wszystkie elementy są stałe, to nie możemy nagle oczekiwać innego rezultatu. Kilka lat temu, opowiem to po raz enty, bałam się nawet drgnąć, by nie naruszyć konstrukcji, którą budowałam przez lata. Poranki, dni i noce wyglądały niemal identycznie, i co z tego, skoro szarzałam coraz bardziej. Byłam notorycznie chora, bardzo smutna, tak wyzuta z nadziei, że nie ośmielałam się nawet marzyć o szczęściu, modliłam się tylko o to, by osiągnąć moment zero, w którym co prawda nie ma szczęścia, ale nie ma też nieszczęścia. Przypominam, że trwało to kilka lat. W końcu dotarła do mnie ta prawda, że zmiana zajdzie, gdy coś zmienię. Usłyszałam to wyraźnie i jakby coś kliknęło. Od tego momentu patrzyłam na wszystkie sfery swojego życia, zastanawiając się, którą z nich mogłabym naruszyć. To też trwało, bo lęk przed zmianą był paraliżujący.

Ważąc wszystko, co miałam, doszłam do wniosku, że zacznę od pracy, bo zaczynać od spraw osobistych to było zbyt wiele. Nie zdajecie sobie sprawy, jak trudno jest po dwudziestu pięciu latach, nie mając w zanadrzu planu awaryjnego ani oszczędności, zrezygnować z jedynego źródła dochodu, oddzielić się od macierzy. Wielokrotnie liczyłam do dziesięciu, jak to mam w zwyczaju, zanim poinformowałam o swojej decyzji kolegów. Widząc ich rozczarowanie, musiałam się niemal związać, by wytrwać w postanowieniu. Czułam jednak, że walczę o życie. Dałam sobie ostatnią szansę na zmianę. Czy zmiana nastąpiła natychmiast? O nie. Po drodze zawaliło się prawie wszystko, łącznie z długoletnim związkiem. Jeśli mówimy o zmianie, to wtedy, z oddychającej na pół gwizdka, pozostającej w bezpiecznym bezruchu baby, stałam się babą, która patrzy na zapierający dech w piersi rozpierdol.

Aż przyszedł ten dzień, gdy kiwając się jak sierota, pośród ruin, zza opadającego kurzu wreszcie zobaczyłam słońce. Oto stałam się powojenną Warszawą, którą krok po kroku trzeba odbudować. To nie przerażało; napędzała mnie radosna świadomość, że ocalałam, i chyba po raz pierwszy w życiu byłam z siebie dumna, bo pokonałam własną bezsilność. Obecnie miasto tętni życiem i tylko tablice pamiątkowe przypominają o zamienionych przez wojnę w gruzy kamienicach. Dlatego jeśli zadajecie sobie właśnie pytanie, czy warto rzucić się w ramiona nieznanemu, zmienić coś, to odpowiadam: Tak! I jeszcze raz: Tak!

Moja wina, moja bardzo wielka wina

Nie zliczę, ile razy do piętnastego roku życia wypowiedziałam tę kwestię. Do piętnastego, ponieważ tyle czasu byłam karmiona piersią przez... Kościół. Pamiętam, że uderzając się piąstką w splot słoneczny, naprawdę głęboko wierzyłam, że jestem czemuś winna. Z nieznanych sobie powodów przyjęłam to za pewnik i nigdy nie poddałam analizie. Może gdyby poczucie winy opuszczało mnie, kiedy wychodziłam z kościoła, byłoby inaczej. Przepełniało mnie jednak we wszystkich momentach życia, a podczas mszy jedynie dawałam mu głośno wyraz.

Od pierwszej spowiedzi grzechy, których listę prezentowałam przy konfesjonale, stale się powtarzały. Byłam niegrzeczna, kłamałam, brzydko się wyrażałam, pyskowałam, spóźniałam się, bałaganiłam – więcej grzechów nie pamiętam, za wszystkie serdecznie żałuję, a ciebie, ojcze, proszę o rozgrzeszenie. Niewiarygodne, jak bardzo się bałam, czekając. Chce mi się płakać na wspomnienie odkształconego dziecięcymi kolanami stopnia konfesjonału. Tak, wiem, że dorosłe kolana też się do odkształcenia przyczyniały i przyczyniają, ale czuję oburzenie i obrzydzenie na myśl o tym, że małym istotom każe się wierzyć, że są grzeszne.

Co to znaczy niegrzeczna? Dziecko niegrzeczne to dziecko, które przejawia resztki niezależności. To dziecko, które nie opanowało kroków układu tanecznego, jaki społeczeństwo wykonuje w pełnej synchronii. Będziesz grzeczna?! Taaak. Nie słyszę!!! Tak! Powtórz!!! Będę, tylko nie bij. Jeszcze raz tak zrobisz, powiesz, to ci nogi z dupy powyrywam. Kara musi być! Żeby w warunkach domowych wykształcać w dziecku poczucie winy, które potem świetnie się sprawdza w kościele, po mancie warto dorzucić: Czy ja kiedykolwiek cię uderzyłem(-łam) bez powodu? No zastanów się. Czy dostałaś kiedyś lanie za nic? No właśnie. Bądź grzeczna, to lańska nie będzie. Tak to się robi. Cierpliwie, konsekwentnie, aż dziecko zrozumie.

Kłamstwo – straszny grzech. Nie wiem, jak wy, ale ja, kiedy byłam dzieciakiem, kłamałam tylko ze strachu. W stu procentach przypadków. Szybko skumałam, że jak będę niegrzeczna, to będzie kara, a że w słowie „niegrzeczna" mieści się chyba wszystko, co robi dziecko, jeśli nie siedzi bez ruchu na kanapie, to – żeby nie zbierać razów przez całą dobę – zmuszona byłam kłamać.

Brzydkie wyrazy – w moim przypadku tylko poza domem. Czasem, żeby zeszło ze mnie powietrze, wciskałam głowę w poduszkę i szeptem krzyczałam, dodając pozycję do listy grzechów na pierwszy piątek miesiąca: Kurwa, kurwa, kurwa, chuj, chuj, chuj, pierdolone, pierdolone, pierdolone gówno!

Marsz do swojego pokoju! Ale dlaczego? Nie pyskuj mi tu. Albo: Wrzuć już te spodnie do prania. Jeszcze są czyste. Co to za pyskowanie? W moim przypadku do tego się sprowadzało pyskowanie (też straszny grzech), bo nie miałam odwagi, żeby zdobyć się na coś bardziej spektakularnego w stylu: To, że mnie spłodziliście, nie daje wam prawa do prania mi mózgu w wybielaczu!

Spóźnienie i bałagan w kategorii „przewinienie" to taki absurd, że nawet nie chce mi się o tym gadać. Dorzucałam je, żeby mieć więcej grzechów, bo chyba myślałam, że im więcej, tym lepiej, jak podczas grzybobrania, gdy wygrywa ten, kto ma najwięcej w koszyku.

Inna sprawa, że żaden „ojcze" nigdy nie przebrał mojego koszyka z grzechami i nie odrzucił tych, które się nie nadają.

Samogwałt zatajałam podczas spowiedzi, uznając, że kiedy mówię: „kłamałam", to tak, jakbym się przyznała.

Od dawna dostrzegam precyzyjne powiązanie tradycyjnego wychowania, religii i państwa. Wszystkie trzy sfery wspierają się i napędzają nawzajem w celu uzyskania perfekcyjnego, podatnego na manipulację, posłusznego NIEWOLNIKA, który pozyska kolejnych, a oni pozyskają kolejnych. Perpetuum mobile.

Myślimy, że jesteśmy już dorośli, że już nie musimy wymyślać grzechów na siłę, że grzech to zabić, ukraść. Nie zauważamy, że raz zaszczepione poczucie winy pracuje w nas już zawsze. Dziś odruchowo bijemy się w piersi, szepcząc „moja wina", po każdej z następujących podłości:

- za dużo pracuję,
- za mało pracuję,
- za późno się kładę,
- znowu zaspałam,
- za dużo śpię,
- zbyt mało śpię,
- nie chcę mieć dzieci,
- mam za mało dzieci,
- nie głosowałem,
- głosowałem niewłaściwie,
- za mało zarabiam,
- zbyt dużo zarabiam,
- nie mogę schudnąć,
- za mało się ruszam,
- wcale nie czytam,

- za mało rozmawiam z dzieckiem,
- bez przerwy się dziecku narzucam,
- nie mam wykształcenia,
- skończyłam złe studia,
- mam za małe piersi,
- mam za duże piersi,
- jestem oziębła,
- za często się kocham,
- jestem pasywna,
- jestem zbyt aktywna,
- jestem małomówny,
- jestem gadatliwa.

Więcej grzechów nie pamiętam, za wszystkie serdecznie żałuję, a ciebie, świecie, proszę o rozgrzeszenie.

Potrafimy być niestrudzeni w wytykaniu sobie przestępstw i nigdy nie zdarza nam się pominąć czy choćby odroczyć kary, jaką trzeba za nie ponieść. Jesteśmy czujni, mamy oko na bliźnich, sprawdzamy, czy biją się w piersi odpowiednio żarliwie, a jednocześnie wiemy, że i oni sprawdzają, czy czujemy się tylko winni, czy bardzo, bardzo winni, jak nakazują reguły.

Grzech jest tylko jeden i popełniamy go wszyscy.

„Ludzie ludziom zgotowali ten los" – nasza wina, nasza wina, nasza bardzo wielka wina.

Nie patrz wstecz, bo zamienisz się w kamień

Jak długo można czekać na zadośćuczynienie, a przynajmniej na zwykłe „przepraszam"? Można całe życie aż do chwili, gdy śmierć skasuje nas, naszą relację z winnymi, a także samo oczekiwanie. Można, tylko po co? Dlaczego zakładamy, że ktoś, kto przez dwa lata nie zdobył się na słowo „przepraszam", po pięciu, dziesięciu czy czterdziestu latach postanowi je wreszcie wykrztusić? Co każe nam w wieku pięćdziesięciu lat żebrać o ojca „jestem z ciebie dumny", skoro nie był dumny nigdy, tak jak nie był ciepły ani specjalnie zainteresowany naszymi uczuciami?

Człowiek się stara, zalicza kolejne bazy, mruży oczy, bo blask zdobytych pucharów oślepia, i nawet nie zauważa, że ani razu szczerze się nie ucieszył, bo nieustannie czeka na pochwałę, słowo aprobaty płynące z tego jednego jedynego źródła, które zawsze było suche. Może nawet same starania przykrawa do wyobrażeń o tym, co zdaniem źródła na pochwałę zasługuje, zamiast do swoich marzeń. Latami w napięciu wsłuchuje się w ciszę niczym pracownik NASA nasłuchujący sygnału z milczącego uparcie kosmosu.

Ile czasu można wierzyć, że nadejdzie ta chwila, gdy matka, która dla starszej córki nie miała niczego oprócz pogardy, ostentacyjnie zaś faworyzowała tę młodszą, na chwilę przed spotkaniem z wiecznością zmieni ton na łagodny i zaleje pierworodną uczuciem, które ogrzeje każdą z jej wychłodzonych komórek?

Jak długo możesz liczyć na to, że mąż wróci któregoś dnia od kochanki, z którą od dziesięciu lat żyje w innym mieście, i wszystko będzie jak dawniej? Szkoda serca, które czeka zamrożone – zupełnie jak trzymany w lodzie Walt Disney – aż będzie możliwe uleczenie. I o ile Waltowi jest wszystko jedno, kto go przywróci do życia, o tyle ty zezwolisz na to jednemu konkretnemu lekarzowi, który, jak wiadomo, zakończył praktykę wiele lat temu.

Jak długo jeszcze będziesz się bronił przed miłością, bluźniąc, że nie istnieje, zostawiając kobiety ponadgryzane jak jabłka, bo matka zawiodła cię, gdy byłeś chłopcem?

Naprawdę nikt nie jest w stanie odebrać nam prawa do żalu. Możemy niczym sępy nad padliną krążyć myślami nad przeszłością. Mamy niezbywalne, niepodważalne prawo do zniszczenia sobie życia. Musimy jedynie uśpić instynkt samozachowawczy, co nie jest wcale trudne. Trzeba po prostu wmówić sobie, że dokonujemy aktu zniszczenia, bo nie mamy innego wyjścia. Z pomocą przyjdzie powtarzanie sobie: Nigdy nikogo innego nie pokocham. Życie się dla mnie skończyło. Należą mi się przeprosiny. Nie spocznę, póki winni nie zostaną ukarani. Nie można uciec od przeszłości. Nie jestem w stanie o tym zapomnieć.

Czy nie można w pewnym sensie traktować tego spoglądania wstecz jako formy samobójstwa? Czy żyjąc minionymi wiosnami, nie skazujemy tegorocznej na śmierć przez niezauważenie? I w imię czego to wszystko?

Żeby chociaż ci, których obciążamy winą za trzymanie nas w przeszłości, zdawali sobie z tego sprawę. No bo przecież sobie nie zdają. Gdyby było inaczej, pewnie zechcieliby uwolnić nas stamtąd słowem, czynem… Nie robią tego, bo nie wiedzą, że przyznaliśmy im tak wielką władzę nad naszym samopoczuciem i szczęściem. Warto zadać sobie pytanie, czy sami chcielibyśmy mieć taką władzę nad drugim człowiekiem. Czy bylibyśmy w stanie zmusić się do miłości, bo ktoś nie może bez nas żyć? Czy zadośćuczyniliśmy wszystkim, wobec których zawiniliśmy? Czy dorosłemu synowi, który czeka na dobre słowo od ojca, przychodzi do głowy, że nie jest obecny w życiu własnych szkrabów, a tym samym buduje w nich tęsknotę za sobą, która sprawi, że gdy dorosną, będą tak samo martwi za życia jak on? Czy mężczyzna, który widzi w kobietach przedmioty jednorazowego użytku, zrozumie, że seryjnie zadaje taki ból, jaki zadała mu matka?

Sprawdziłam. Nie ma innej metody, niż pozbyć się przywiązania do truchła i zwrócić ku temu, co żywe. Niełatwo to zrobić, bo niełatwo zmienić nawyki. Ale jest to możliwe i warte każdej sekundy wysiłku. Tym trudniej odpuścić przeszłość, im większy jest lęk przed życiem. Trzymamy się jej kurczowo, by nie brać za nie odpowiedzialności. W takim przypadku czerpiemy korzyści z tkwienia w stuporze, ergo jest to nasz wybór.

Tak wiele i wielu z nas mknie przez życie na autopilocie, zamiast chwycić kierownicę, na bieżąco podejmować decyzje o kierunku jazdy, odpalić muzykę na full, patrzeć na zmieniający się za oknem krajobraz i koniecznie stawać, gdy coś naprawdę zachwyci.

Szerokości, Mobilki! Do śmierci macie czysto!

Zakaz wyprzedzania

Kiedy człowiek znajdzie się w dupie, to chętnie w niej pozostanie, jeśli tylko będzie miał towarzystwo. Człowiek nie zgłasza pretensji, że krzyż, który niesie, jest zbyt ciężki, jeśli wie, że wszyscy wokół dźwigają krzyże. Razem raźniej.

Przed kilkoma dniami trochę się z mężem pokłóciliśmy. Warte odnotowania, bo właściwie się nie kłócimy. Poszło o odchudzanie. Obydwoje chcemy zrzucić i obydwoje mamy co. Razem sobie przytyliśmy, razem sobie narzekamy, nasze ciała rzucają jednakowo duże cienie. Wspólnie, przełykając synchronicznie ostatnie kęsy pizzy, doszliśmy do wniosku, że żarty się skończyły, zaczynamy dietę. Niczym syjamskie bliźnięta rozstawaliśmy się przez tydzień z kuchniami świata – zamawialiśmy dowóz charakterystycznych dla nich potraw przez telefon. No i nadszedł wreszcie ten dzień, gdy każde otrzymało liczącą tysiąc kalorii rację dzienną. Przez dwa tygodnie żegnaliśmy się przed snem czułym: Ale mnie ssie w żołądku. Aż do tego dnia, gdy w ramach ruchu przeszłam się po internecie. Szłam i szłam, i nawet się nie obejrzałam, jak dotarłam do Francji, do Pierre'a, który w czterdziestominutowym filmiku pokazuje, jak własnoręcznie zrobić bagietkę. Nigdy nie widziałam lepszego filmu. Perfekcyjny scenariusz, idealne tempo akcji i spektakularna przemiana głównej bohaterki z wilgotnej bezkształtnej masy w szczupłą, jędrną piękność o złocistej karnacji. Przejęta pobiegłam do męża i oznajmiłam: Będę piec bagietki! W jednej chwili szew scalający nasze syjamskie ciała się rozszedł. Mąż patrzył na mnie jak Europa na Wielką Brytanię, która postanowiła zbiec z Unii. Ale przecież się umawialiśmy na coś. Przecież było ustalone, że się odchudzamy. Sama mówiłaś, że koniec z obżarstwem, że damy radę, że razem. No to ja mu na to, że kto mu zabrania się odchudzać, że ślubowałam mu wierność i że w zdrowiu i w chorobie, ale nie pozwolę na terror. Że jestem dorosłą, wolną kobietą, której odważne sufrażystki wywalczyły, do cholery, jakieś prawa, i że jeśli mam ochotę piec i jeść bagietki, to nikt mi tego nie zabroni. A potem, że wcale nie zamierzam zrezygnować z odchudzania, po prostu chcę mieć bagietkę od Pierre'a. Mąż na to, że jeśli w domu będzie bagietka, to zawoła go chrupkim głosem w nocy i on nie będzie w stanie wołania zignorować, bo to jakby dziecko płakało, że do taty, do taty, i jak on niby ma dziecko olać, musiałby mieć serce z kamienia chyba. Nie możesz mi tego zrobić, bo nigdy nie schudnę – zakończył.

I wtedy właśnie uświadomiłam sobie, że to znany schemat. Podobnie było z serialami. Oglądaliśmy razem dwa sezony, przy trzecim stwierdził, że robi sobie przerwę od seriali w ogóle, a na mnie spojrzał z wyrzutem, gdy chciałam kontynuować, bo przecież umawialiśmy się, że oglądamy razem. Moja mama podczas wizyt u znajomych wstawała na rozkaz ojca, który nagle stwierdzał, że pora wracać do domu. Razem przyszli, razem wyjdą. Razem przewracali się z boku na bok na wąskiej kanapie i również on decydował, w którym momencie. Kiedy grupa znajomych jedzie na wczasy, to razem idą na plażę i razem z niej schodzą. Gdy jeden zmęczony chce się udać na spoczynek, reszta mówi: Weź przestań, jeszcze wcześnie, o pierwszej wszyscy pójdziemy spać. Jeśli Marysia zaprasza na urodziny Zosię, a przyjaciółka Zosi Asia nie jest zaproszona, to Zosia powinna zostać w domu, żeby Asi nie było przykro. Asię chłopak poprosił o chodzenie? Dopóki Zosi jakiś nie poprosi, Asia powinna wstrzymać się ze związkami. Jeżeli dwie koleżanki chodzą z kijkami i jedna z nich zrezygnuje, poczuje się zdradzona, gdy druga będzie kontynuować spacery. Gdy dwóch biednych użala się przy piwku na zły los, żaden z nich nie powinien nieoczekiwanie zarobić pieniędzy. Albo razem piwo, albo razem szampana. Słyszałam historię sióstr, które, naznaczone wspólną dziecięcą traumą, podtrzymywały jedna drugą przez wiele następnych lat. Jednakowo poranione, w takim samym stopniu brzemienne rozżaleniem. Pewnego dnia jedna z nich poczuła, że wywołany przez okoliczności przed wieloma laty przykurcz stał się zbyt bolesny, i zapragnęła rozprostować się wreszcie w pełnym możliwości TERAZ. Poszła na terapię i z przykrością zdała sobie sprawę, że coraz większa swoboda ruchów, jakiej z zachwytem doświadcza, u siostry powoduje narastanie frustracji, która od czasu do czasu prowadzi do wybuchów agresji. Zachęcała siostrę, by skorzystała ze śladów i strzałek, jakie jej zostawia, przemierzając nieznane, lecz urzekające terytorium, ale bezskutecznie. Siostra wybrała mroczną klitkę, której nisko zawieszony sufit zmuszał ją do trwania w niewygodnym skłonie, i żądała, by tkwiły w niej solidarnie, jak na rodzeństwo przystało.

Może dlatego pałac człowieka sukcesu to samotnia, jednoosobowa gigantycznych rozmiarów cela, w której odsiaduje wyrok za zamach na solidarnie niespełnionych. Może dlatego chętnie funkcjonujemy w tematycznych zbiorowych bańkach, a niechętnie porywamy się na akty niepodległości. Z lęku przed samotnością, odrzuceniem dla świętego spokoju wybieramy bezpieczne ujednolicenie, działanie na komendę, śpiewanie w chórze, wspólne powtarzanie kroków wymyślonych przez choreografa. Żeby było razem, wystarczy plus jeden. I już godzimy się z tym, jak jest, i już nie jest źle, choć wcale nie jest dobrze.

Wracając do kłótni małżeńskiej. Przycwaniakowałam. Nie chcę sama jeść bagietki. Liczyłam, że małżon dołączy do rozpusty, żeby było raźniej, a potem znów pozwolimy naszym pustym żołądkom przeglądać się w sobie nawzajem.

Choroby, choroby i jeszcze raz choroby

Choć trudno w to uwierzyć, czasem wolimy, żeby zdrowie nam, broń Boże, nie towarzyszyło. Bywa tak, gdy z choroby czerpiemy korzyści. Komu w dzieciństwie nie zdarzyło się wisieć za oknem, by przewiał go zimny wiatr, kto nie chodził krok w krok za pokasłującą koleżanką, byle nie zboczyć z kropelkowej drogi szybkiego ruchu? Jeśli pomimo takiego zaangażowania żadne porządne objawy się nie pojawiły, pozostawała symulacja. Po co? Bo to był świetny sposób na przyciągnięcie, choć na krótko, uwagi rodziców, której deficyt bardzo dawał się we znaki. Konkretnie – czułej uwagi.

Temperatura powyżej trzydziestu dziewięciu stopni Celsjusza potrafiła ogrzać nawet najchłodniejsze spojrzenie, a w ogniu zapalonych płuc miękł nawet najtwardszy charakter. Mama nie szła do pracy, wymieniała zimne okłady, przetrzepywała poduchy, przynosiła jedzenie do łóżka. Gdy chore dziecko spało, cichły kłótnie, następował rozejm. W dodatku nie trzeba było iść do szkoły, godziny słodko się dłużyły, a zatroskane koleżanki wpadały z zeszytami i opowieściami z życia klasy. Nawet jeśli samopoczucie było naprawdę złe, festiwal słodyczy rekompensował wszelkie niedogodności. Po kilku dniach współczucie ustępowało znajomej irytacji, a bulgoczące pod pokrywką emocje domagały się ujścia. Choremu spadała temperatura, a wraz z nią spadała temperatura otoczenia. Nic dziwnego, że część z nas na zawsze zakodowała w podświadomości schemat: choroba = uwaga + czułość + miłość.

W dorosłym życiu chorób raczej się obawiamy, życzymy sobie zdrowia z okazji urodzin i świąt, o zdrowie się również modlimy. Niektórzy, kiedy choroba się faktycznie pojawi, całą energię pchają w jak najszybsze zdrowienie, sumiennie przestrzegają zaleceń lekarskich i szczerze się radują, gdy miną dolegliwości. To ci sami, którzy stosują profilaktykę, by jeśli to tylko możliwe, do zachorowania nie dopuścić. I chociaż wydaje się, że nikt normalny nie chce chorować, to jest wcale niemała grupa osób, które – być może nie zdając sobie z tego sprawy – chorować chcą, a nawet sabotują wyzdrowienie. Przypuszczam, że należę, a na pewno należałam, do tej grupy.

W ostatnich latach przed zawieszeniem działalności zespołu macierzystego chorowałam non stop. Oskrzela płonęły mi na zmianę z krtanią, a jeśli przytrafił się tydzień przerwy, łapała mnie rwa kulszowa albo inne tałatajstwo. To był czas, kiedy czułam się niezauważana i w zespole, i w domu. Miałam wrażenie, że oczekuje się ode mnie tylko tego, bym odśpiewała, co trzeba. Nie umiałam powiedzieć tego wszystkiego na głos, więc chorowałam, licząc, że będzie jak kiedyś w domu. Myślałam, że mój kaszel kogoś wzruszy, że ktoś powie: Taka jesteś dzielna, że z troską spyta, czy chciałabym odpocząć... Mój partner faktycznie stawał się czulszy, pytał: Jak ty się czujesz?, ustawiał alarm w swoim telefonie, by przypomnieć mi, że pora zażyć antybiotyk. Oczywiście nie pozwalałam sobie na leżenie w łóżku, żeby nikt się nie pogniewał, że przeze mnie stajemy z robotą. Kiedy przez lata nie zaznałam satysfakcjonującej uwagi, to – przyznam szczerze – sprowokowałam, choć nieświadomie, sytuację, w której zerwałam ścięgno Achillesa. Operacja, unieruchomienie, wózek inwalidzki, kule – to musiało przecież zadziałać. I zadziałało, ale nie tak, jak się spodziewałam.

Wybudziłam się ze snu, w którym czułość czy uwaga pochodząca z zewnątrz jest w stanie zredukować deficyt uwagi i czułości własnej. Wcześniej nie umiałam się zdobyć na taką refleksję. Potrzebowałam czasu, by ucząc się brania odpowiedzialności za swoje życie, wziąć odpowiedzialność również za choroby, które mnie toczą. Od trzech lat właściwie nie choruję. Jeśli boli mnie gardło, to zadaję sobie pytanie: Czego nie potrafię lub nie chcę powiedzieć? Wierzcie lub nie, ale gdy na nie odpowiem i wyjmę knebel z ust – ból mija.

Piszę to, by zwrócić uwagę na chorych w waszym otoczeniu. Może warto spojrzeć na nich jak na dzieci, które rozpaczliwie potrzebują uwagi, miłości? Może starzejący się matka lub ojciec – nieświadomie – trzymają się kurczowo choroby, bo wówczas dzieci są blisko, bo tylko wtedy dzwonią? Może są w waszym otoczeniu ludzie chorujący z samotności, a ręka przyłożona do rozpalonego czoła jest jedyną formą dotyku, jakiej zaznają? Może to wy chorujecie, bo nie znosicie swojej pracy tak bardzo, że wolicie cierpieć, niż tam bywać? Może choroba zwalnia was z obowiązków małżeńskich – w tym seksu? Może, choć renta chorobowa jest jedynym źródłem dochodu, powrót do zdrowia – co umożliwiłoby aktywność, w tym pracę, lecz człowiek myśli, że do niczego się już nie nadaje – to wizja tak przerażająca, że lepiej trwać w bezruchu?

Na pewno nie zaszkodzi odpowiedzieć sobie na te wszystkie pytania, nadal stosując się do zaleceń lekarzy. Może uznacie, że choroba nie jest obcym najeźdźcą, tylko ważną informacją, pytaniem, które materializuje się w postaci objawów. A jeśli tak, to dobrze być uważnym, nie tracić z oczu drugiego człowieka, by nie musiał wkładać termometru do kubka z gorącą herbatą.

Atak paniki

Trzeba wam wiedzieć, że cmentarz Centralny w Szczecinie to cmentarz nie byle jaki. Trzeci pod względem wielkości w Europie, jeden z największych na świecie. Już w założeniu miał przypominać park, w którym pośród cudownych nasadzeń odpoczywać wiecznie będą słusznie zmęczeni życiem. Jeśli na hasło „cudowne nasadzenia" wyobraźnia podsuwa wam krzewy bukszpanu i kilkadziesiąt choinek, to grubo się mylicie. Nad nieboszczykami czuwają, spoglądając z góry: kielichowiec wonny, miłorząb dwuklapowy, forsycja zwisła, wiśnia piłkowana, różanecznik katawbijski, limba, żywotnik wschodni – żeby wymienić te o najfajniejszych nazwach – a oprócz nich kilkaset innych; razem ponad czterysta gatunków. Aż chciałoby się umrzeć.

Jako dzieciak spędzałam tam mnóstwo czasu na zabawach. Brama główna cmentarza jest od strony ulicy Ku Słońcu, przy której, tak się składa, mieszkałam wraz z rodzicami u dziadków przez kilka pierwszych lat życia, a później bardzo często tam bywałam. Podwórko z nieodłącznym trzepakiem nie umywało się do pełnego zakamarków, kryjówek i pola do popisu dla wyobraźni cmentarza. Świętokradczo wykorzystywałam nagrobki podczas zabaw w chowanego, kaplicę traktowałam jak zamek, w którym niepodzielnie panowałam, wróżyłam, obrywając płatki chryzantem. Aż dziw, że pierwszego w życiu ataku paniki doświadczyłam 1 listopada 1989 roku, tuż po obdzieleniu zniczami znajomych zmarłych z okazji ich święta.

Wracałam do domu autobusem linii 67. Było dosyć tłoczno. Ściskałam w dłoni skórzane, przytroczone do rury trzymadło. Nagle poczułam nieznane wcześniej mrowienie w miejscu, gdzie szyja spotyka się z głową, chwilę później podobne dookoła ust. Umiejscowiony za żebrami mały perkusista zaczął znacznie szybciej uderzać stopą w membranę mojego serca. I jeszcze szybciej. I jeszcze. Z okolic pępka niewidzialną windą podjechała do gardła ciężka kula lęku. Ciężka i zimna jak płyn kontrastowy. Zamieszkujące głowę moje JA znalazło się nagle w żyroskopie, tracąc orientację podczas obrotów. Stało się tak maleńkie, że zaczęło grzechotać, obijając się o wnętrze czaszki. Pomyślałam, że już nie wrócę z szaleństwa, że będę wirować w czaszce, a bezpańskie zgarbione ciało trafi do szpitala dla wariatów, gdzie rodzice będą mnie odwiedzać niechętnie, ze wstydem, i na zmianę wycierać z grymasem obrzydzenia ślinę z mojej brody.

Na myśl o tym zaczęłam chwytać powietrze otwartymi ustami, dłoń ściskająca trzymadło zbielała, pomyślałam, że umieram, że zakapturzona żniwiarka zabierze mnie zupełnie nieprzygotowaną, zanim jeszcze zdążyłam poznać cel życia i jego naturę. W tym momencie autobus zatrzymał się na przystanku. Nie moim. Wysiadłam, przytrzymując się płaszczy współpasażerów. Przycupnęłam na ławeczce przystankowej i schowałam głowę między kolanami. Nie pamiętam, ile czasu tak trwałam, ale w końcu przyszłam do siebie. Po powrocie do domu starałam się nieporadnie opowiedzieć mamie o tym, co przeżyłam. Pewnie się zniczy nawdychałaś – skwitowała.

Przez długi czas drżałam na myśl, że to się powtórzy. Powtórzyło się po wielu latach. Siedziałam na dworcu w Krakowie. Pogoda była fantastyczna. Słuchałam muzyczki w słuchawkach, wspominając twórczy weekend (dogrywałam się do płyty Świetlików) i ciesząc się pełnią lata, wszystko w oczekiwaniu na pociąg powrotny do Warszawy. I wtedy znów to poczułam. Ten potworny lęk, którego źródła nie sposób odgadnąć. Znane już teraz mrowienie. Tętno szybkie, unoszące skórę nadgarstków, widoczne dla oka. W uszach już nie muzyka, tylko straszliwa kakofonia, idealny podkład pod szaleństwo. Zerwałam słuchawki, licząc, że wraz z dźwiękiem z nich płynącym zdejmę z głowy to poczucie rozpadania się. Bo tak to odczuwam, jako rozpad, jakby przestrzenie między komórkami znacznie się rozrosły, a komórki przestały tworzyć jedno. I rozpacz, że nie uda się tego wszystkiego zebrać z powrotem do kupy. Już nigdy. Zawroty głowy. Szłam do pociągu przekonana, że nie tworzę z chodnikiem kąta prostego, że ludzie widzą, jak ciążę ku ziemi, a nie upadam, bo podtrzymują mnie niewidzialne buty narciarskie, w których można stworzyć z podłożem kąt ostry. Przedział był pełny. Wyjęłam z torby książkę i udawałam, że czytam, podczas gdy litery zdawały się wyskakiwać z wyrazów i zamieniać się miejscami. Przestałam rozumieć język polski.

Na dworcu czekał na mnie ojciec. Nie wiem, czy zauważył, że przez całą drogę milczałam. A milczałam z obawy, że pierwsze słowo, jakie wypowiem, będzie niczym zawleczka granatu, że jeśli wyciągnę je z ust, to nastąpi wybuch, a moje komórki i świadomość rozpierzchną się po całej Warszawie i już nigdy nikt ich nie znajdzie. A w domu był mój mały synek. Wysiłek, by ukryć stan, w jakim się znajdowałam, był nadludzki. Po przywitaniu schroniłam się w toalecie, gdzie spróbowałam metody z chowaniem głowy między kolanami. Bezskutecznie. Wtedy zadzwoniłam do mamy mojego kolegi z zespołu, bo kojarzyła mi się ze spokojem, a w tym chaosie tylko jej głos, melodyjny i ciepły, przyszedł mi do głowy. I rzeczywiście, spośród spazmów i z absolutnie nieskładnej wypowiedzi zdołała odczytać współrzędne miejsca, w którym aktualnie przebywałam. Powiedziała wolno i czule: Kasiu, spokojnie. To atak paniki. Byłam tam. Weź teraz długopis i zapisz sobie numer telefonu lekarza. Słyszysz mnie? Masz długopis? Zanotuj. A teraz rozłączymy się i do niego zatelefonujesz. Wszystko będzie dobrze. Obiecuję.

No i zadzwoniłam. To była moja pierwsza wizyta u psychiatry. Przepisał mi lek uspokajający. Zażywałam go przez cztery dni, bo piątego znów byłam obecna; obecna w sobie.

Od tego czasu wiedziałam, że dwa epizody zwiastują możliwość pojawienia się kolejnych. Trzeci nastąpił po trzech latach. Byłam w domu tylko z synem, który od godziny spokojnie spał. Chyba czytałam *Zbyt głośną samotność* Hrabala. Wszystko przebiegło niemal identycznie, choć miałam znacznie silniejsze zawroty głowy plus szum w uszach. Wtedy pomyślałam, że jest naprawdę źle i o ile pewne objawy przypominają atak paniki, o tyle te dwa konkretne zdają się wskazywać na poważną, najpewniej śmiertelną chorobę. Lęk był przytłaczający. W nocy wylądowałam w szpitalu. Przebadano mnie na wszystkie strony, a komentarz lekarza był jednoznaczny: Zdrowa jak koń, to na tle nerwowym.

Korzystając z dobrodziejstwa czasu bez paniki, postanowiłam spokojnie poszukać pomocy. Znalazłam wspaniałą panią doktor, która na podstawie szczegółowego wywiadu i niekończących się testów zdiagnozowała u mnie nerwicę lękową z epizodami panicznymi.

Od tego momentu nienazwane i groźne stało się zrozumiałe. Dziś, po wielu latach, wiem, że źródło mojej choroby bije w dalekiej przeszłości, ziarno lęku zasiano we mnie w dzieciństwie. Coś wzeszło i rosło wytrwale, pnąc się wysoko, aż w 1989 roku wydało pierwszy owoc.

Teraz już wiem, że lęk podczas ataku paniki osiąga swoje apogeum, a potem stopniowo opada i wszystko wraca do normy. Wiem, że nie oszaleję od tego i nie umrę. Wiem, że lęk pojawia się nieoczekiwanie, a nawet chętnie w momentach, gdy wszystko świetnie się układa. Wiem, że wiele osób zna to uczucie. Co robić, gdy ktoś bliski go doświadcza? Spytać. Ja nie lubię być wtedy przytulana, w ogóle dotykana. Kulą w płot, za którym kulę się w panice, trafiają stwierdzenia: Przecież nie ma się czego bać. Pomyśl o czymś przyjemnym. Wyluzuj. Weź się w garść. Przestań robić sceny. Trafiają do mnie tylko słowa osób, które znają temat. One działają kojąco. Przynajmniej na mnie.

Od kilku lat nie miewam objawów psychosomatycznych, a komórki trzymają się blisko siebie. Jestem całością. Co nie znaczy, że któregoś dnia znów się na moment nie rozpierzchną, a serce nie spróbuje wyskoczyć z piersi. Czy prezenter telewizyjny symulujący ten stan mnie uraził? Ani trochę. Gdyby to było zadanie aktorskie, otrzymałby najniższą notę za fatalnie zagrany atak paniki. Nie życzę mu tego, broń Boże, ale gdyby jakimś zrządzeniem losu musiał dołączyć do liczącego miliony klubu spanikowanych, to powitamy go serdecznie, a ja jako osoba wysoce empatyczna pomogę mu nawet pozbierać rozsypane po Warszawie cząstki samego siebie.

Żart czy szyderstwo?

„Żart – wypowiedź lub zachowanie mające kogoś rozśmieszyć" – tak stoi w słowniku. „Szyderstwo – drwiący stosunek do kogoś, czegoś, nacechowany dodatkowo lekceważeniem lub pogardą" – również słownik. Od czego zależy, czy nasza wypowiedź jest żartem, czy szyderstwem? Zawsze myślałam, że od intencji. Okazuje się jednak, że dla wielu osób to odbiór stanowi główny wyznacznik. Zdaję sobie sprawę, że dostęp do mojej intencji jest dla innych praktycznie niemożliwy, ale liczyłam nieśmiało, że jakimś cudem da się ją wyczytać ze sposobu, w jaki się komunikuję. Usłyszałam kiedyś, że poczucie humoru jest umiejętnością dostrzegania paradoksów, która świetnie się czuje w towarzystwie abstrakcyjnego myślenia. Bardzo do mnie trafia ta definicja, a jeśli dorzucimy do niej autoironię, to uważam, że w pełni opisuje kategorię nosowskiego poczucia humoru.

Przez lata niespecjalnie obnosiłam się z zamiłowaniem do śmiechu i żartów. Jedynie znajomi widywali mnie pękającą ze śmiechu lub to im trzęsły się brzuchy, kiedy opowiadałam jakiś żart. Nie kawał, bo to nie moja dziedzina, ale właśnie żart; głównie sytuacyjny. Każda zakończona sukcesem próba wywołania uśmiechu u drugiego człowieka przynosiła mi wielką radość i satysfakcję. I odwrotnie – całe życie lgnęłam do tych, którzy sprawiali, że ja się uśmiechałam.

Nie dziwi konsternacja, w jaką wprawiłam ludzkość, poszerzając swoją ofertę artystyczną o instagramowy kabaret. To stało się nieoczekiwanie, zbieg okoliczności uruchomił we mnie komika. Sprawiało mi radość nagrywanie mniej lub bardziej abstrakcyjnych filmików, szczególnie w czasie, gdy w życiu codziennym zmagałam się z wyzwaniami wręcz przytłaczającymi. Uśmiechałam się, wiedząc, że ludzie się uśmiechają. Oczywiście od początku byli i tacy, do których nie trafiałam, co jest całkowicie zrozumiałe. Nie każdy ma gilgotki albo ma, ale akurat nie pod paszkami, gdzie ja próbuję operować. Jest jednak niesubtelna różnica między stwierdzeniem „mnie to nie śmieszy" a konstatacją, że szydzę z ludzi, dopierdalam im, kopię leżących. Robi mi się wtedy zwyczajnie przykro. Zaczynam wątpić w siebie, ludzi, sens, który pierwotnie w rozbawianiu dostrzegałam. I choć nie ma nic gorszego niż tłumaczenie żartu, to spróbuję od podstaw wyjaśnić, jak moje żarty powstają. Na konkretnych przykładach oczywiście.

Żart oparty na przemówieniu Ewy Chodakowskiej

Ewa zamieszcza filmik, a w nim odnosi się do awarii Facebooka, która ujawniła, że część osób publicznych nie prowadzi samodzielnie swoich profili. W filmiku zwraca się do swoich obserwatorów, by z dumą ogłosić, że w przeciwieństwie do innych (dodaje, że nie widzi w tym problemu) od początku działalności zajmuje się wszystkim sama, wielokrotnie zaś sugerowano, że to niemożliwe, żeby nie miała od tego ludzi. Przeprasza swoich fanów za to, że mogli się poczuć oszukani, i jeszcze raz przeprasza.

Oglądam filmik, bo jak tysiące ludzi śledzę jej profil.

Myślę, że nie rozumiem, po co przeprasza, bo nie ma za co przepraszać.

Myślę, że to niezwykle ciężka robota dbać o taką ilość przekazu, i ją podziwiam.

Następnego dnia Ewa przeprasza i znów mówi, że ona sama.

Ewa znów pisze, że sama.

Ewa jeszcze raz mówi, że sama i że nie pozwoli, by ktoś odebrał jej ten sukces.

Zastanawiam się, dlaczego tyle razy o tym mówi, ale szybko uznaję, że nie wszystko muszę rozumieć, a ona ma prawo mówić.

Od początku całej historii nie widzę absolutnie nic zabawnego w jej przebiegu.

Siedzę przy kawie i nagle doznaję olśnienia – przychodzi mi do głowy, że śmiesznie by było, gdybym w szkielet jej wypowiedzi „przepraszam – ja sama – nie pozwolę sobie odebrać tego sukcesu" wstawiła siebie z moim nadrzędnym problemem, jakim jest nadwaga.

Nagrywam filmik w moim odczuciu dotyczący mnie samej. „Przepraszam, na bazarku i w spożywczym pojawiły się pogłoski, jakoby wszystko, co kupuję, zjadał za mnie ktoś inny. Od 25 lat zjadam wszystko sama. Nie mam nic przeciwko ludziom, którzy dzielą się jedzeniem, ale ja do nich nie należę. Od wielu lat ciężko pracuję na swoją figurę i nie pozwolę sobie odebrać tego sukcesu".

Dopiero wtedy, gdy do sytuacji wprowadzam siebie, elementy własnego życia, kreowany jest paradoks, abstrakcyjne myślenie pozwala go odkryć, a autoironia podnosi wszystko do rangi żartu. Ewa wyciągnęła tylko początek nitki, której motek mam w głowie. Sugerowanie, że z niej szydzę, jest tak dalekie od moich intencji, jak daleka jest moja waga od wagi Ewy.

Kinga Rusin i jej post o imprezie pooscarowej
Kinga zamieszcza foto ze szczuplutką Adele, a pod spodem opisuje pełną światowych gwiazd imprezę, w której miała okazję uczestniczyć. Przez tak nieprawdopodobne stłoczenie wielkich nazwisk w jednym miejscu całą opowieść czyta się z dziecięcym podekscytowaniem.

Cały świat przedrukowuje post Kingi. Dosłownie cały. W sekundę jest na ustach wszystkich, bo foto Adele jest jedynym od dawna, a w dodatku dokumentuje jej spektakularną metamorfozę.

Ludzie dzielą się na tych, którzy rozumieją, że Kinga chciała się takim przeżyciem podzielić, i tych, którzy mają z tym problem, a nawet zarzucają jej konfabulację. Ja należę do tych pierwszych.

Kinga pod presją usuwa wyjściowy post, dołączając do kolejnego komentarz, który zaczyna się od słów: „Kochani, już nie mam siły odpisywać każdemu dziennikarzowi z osobna (od Polski po Nową Zelandię i Peru), więc piszę tu".

I znów: Kinga ciągnie za początek motka w mojej głowie.

Wstawiam Kingę w stroju z imprezy, którą opisała, w swoje zdjęcie ślubne, pod spodem zaś umieszczam częściową parafrazę jej wpisu: „Kochani, nie mam siły odpowiadać dziennikarzom z Peru, Namibii i Kazachstanu, dlatego napiszę tu: Tak, Kinga była z nami podczas ślubu, również podczas składania przysięgi, którą składała z nami w trójgłosie". Niżej dodaję, że relacja Kingi z imprezy bardzo mi się podobała.

Inspiracją jest Kinga w garniturze, który stał się najważniejszym damskim garniturem ostatniego stulecia, i fragment jej posta. Cała reszta staje się zabawna dopiero, gdy wjeżdża mój ślub zamiast Hollywoodu, ja z mężem zamiast gwiazd i Kinga w garniturze jako część trójkąta.

Dawno temu nagrałam filmik, do którego zainspirowała mnie Joanna Horodyńska. W pewnym wywiadzie wypowiedziała zdanie: „Przede wszystkim stawiam na brwi". W głowie połączyłam to z często powtarzanym przez ludzi: „Przede wszystkim stawiam na karierę" lub „Przede wszystkim stawiam na rodzinę" i dopiero wtedy dostrzegłam materiał na żart. Ja z wymalowanymi na pół czoła brwiami cytująca wywiad Joanny – ten zestaw wydał mi się zabawny. Bo brwi Joanny nie są zabawne, tylko wypielęgnowane, podobnie jak jej wypowiedź nie jest zabawna, lecz zwyczajna.

Może naprawdę jest tak, że ludzie projektują na innych własne spojrzenie? Może imputują mi szyderstwo ci, którzy często się nim posługują? Czy współczesnego człowieka trawi aż tak wielka podejrzliwość i nieufność, że trudno mu przyjąć, że można ludzi szanować i nie chcieć im zrobić przykrości?

Bardzo długo funkcjonowałam w wielkiej podatności na zranienie. Wiem, co to znaczy czuć się dotkniętym. Bardzo ciężkie to było życie. Dziś zostawiam innym przestrzeń na żartowanie sobie ze mnie i nawet szyderstwo mnie nie dotyka, bo rozpoznaję drzemiącą w nim agresję, która z kolei skrywa lęk, a to natychmiast wywołuje współczucie.

Szydercy nie potrafią się śmiać z siebie, bo to wymaga dystansu, a ten jest nieosiągalny w ciasnej skorupie, w której chroni się każdy z nich.

Kawa na ławę

Zawiść = zazdrość + nienawiść. Tego koloru nie udało mi się dotychczas umieścić na palecie uczuć i pragnę gorąco, by tak zostało. Zazdrość? Owszem; w tej romantycznej odsłonie. Jako dodatek do miłości – już nie. Zresztą w kategorii „przyprawy" zawsze bardziej przypominała glutaminian sodu niż pieprz cayenne.

Jeśli ktoś wyraża niepochlebną opinię na jakiś temat, musi się zmierzyć z zarzutem, że to z zazdrości. Mnie również wiele razy sugerowano, że takie jest podłoże mojej refleksji na temat wybranych fragmentów rzeczywistości. Dlatego szczerze jak w konfesjonale wyznam, co wywołuje u mnie przypływ zazdrości. Ale najsampierw (jak mówiła moja babcia Jadzia) opowiem, jak konkretnie ją przeżywam. Otóż jeżeli ktoś posiada coś, czego pragnę, nie czuję złości, tylko – tak samo jak w dzieciństwie – pod zamkniętą powieką widzę siebie na miejscu tej osoby i czuję absolutnie fizyczną ekscytację, doznaję niemal rozkoszy, po prostu jestem tam. Nie wiem, czy też tak macie, ale odkąd pamiętam, jest to chyba moja ulubiona aktywność mentalna. Zanim naprawdę stanęłam z mikrofonem na scenie, zamykałam oczy i godzinami słuchałam różnych wykonawców, wyobrażając sobie, że oni to ja. Oczywiście byłam totalnie znakomita w najdrobniejszych szczegółach – strój, fryzura, sposób poruszania się, interakcje z publicznością – de facto leżąc na wersalce w powypychanym dresie i ze śpiochem w oku.

Kiedy Olga Tokarczuk otrzymała Nobla, popłakałam się ze wzruszenia i radości, bo dane mi było widzieć ją kiedyś w sytuacji, gdy dzieliła nas tylko szerokość stołu. Natomiast przed snem nakręciłam pełen metraż o tym, jak siedzę sobie z mężem w domu i nagle dzwoni telefon, oczywiście stacjonarny, czarny, ebonitowy. Mąż odbiera w przedpokoju i mówi: To do ciebie, kochanie; ze Szwecji. Wstaję z kanapy, mam na sobie dopasowaną na górze, rozkloszowaną u dołu, świetnie skrojoną, skromną, ale elegancką sukienkę, bo oprócz tego, że niedawno wydałam debiutancką, wstrząsająco dobrą powieść, po prostu jestem zgrabna. Halo? – mówię po szwedzku. W odpowiedzi słyszę, również po szwedzku: Mam niewątpliwą przyjemność powiadomić panią, że pokojowa nagroda wynalazcy dynamitu Alfreda Nobla oraz nagroda w kategorii literatura zostały jednogłośnie przyznane pani. Razem to będą dwa medale i osiem milionów sześćdziesiąt trzy tysiące dwieście pięćdziesiąt siedem złotych – w przeliczeniu i po zaokrągleniu według dzisiejszego kursu. Pani powieść jest niekwestionowanym majstersztykiem słownym, a biorąc pod uwagę, że dzięki jej przesłaniu jednego dnia zakończono wszystkie konflikty zbrojne, a cała światowa populacja złych ludzi wyraziła szczerą skruchę i postanowiła czynić tylko dobro, pokojowy Nobel również się pani należy. Gratuluję. Jednocześnie z wielkim żalem muszę dodać, że nie uhonorowaliśmy pani nagrodą w kategorii medycyna, mimo że opisana w powieści formuła, dzięki której ludzkość zwalczy wszystkie nowotwory, działa, co sprawdzili naukowcy. Niestety nie ma pani wykształcenia medycznego. Zaproszenie na ceremonię dostarczy kurier. Czuję, jak uginają się pode mną szczupłe, pięknie rzeźbione nogi. Dziękuję pięknie – odpowiadam po szwedzku, odkładam ebonitową słuchawkę i przechodzę na polski, by wszystko opowiedzieć mężowi. Szkoda, byłoby dwanaście milionów w przeliczeniu i po zaokrągleniu – kwituje typowo po polsku mąż. Tak to mniej więcej wygląda.

Pora na przedstawienie pełnej listy moich zazdrości. Jest uczciwa jak zeznanie podatkowe, dlatego w przyszłości proszę mnie o rzeczy spoza niej nie podejrzewać. Zobowiązuję się jednocześnie do natychmiastowego poszerzenia listy o nowe pozycje, jeśli tylko takowe się pojawią.

Zazdroszczę:

- zgrabnej sylwetki;
- skóry bez przebarwień;
- palców u stóp, które układają się ukośnie od najdłuższego – palucha – do najkrótszego i najmniejszego;
- gładkiej płytki paznokciowej i długich paznokci u rąk;
- gęstych, falowanych włosów do ramion;
- naturalnie gęstych brwi, niewymagających regulowania;
- prześwitu między udami;
- braku cellulitu;
- umiejętności śpiewania w wysokich rejestrach;
- oliwkowej cery;
- umiejętności robienia mostka i szpagatu;
- mistrzostwa w jodze;
- ukończenia maratonu;
- umiejętności długiego i pełnego gracji chodzenia na wysokich obcasach;
- czarnych ubrań, na których nie widać psiej sierści i paprochów;

- umiejętności przetrwania całego dnia w nieskazitelnie białym stroju, czyli nieutytłania się podczas posiłku;
- swobody władania językiem – prawdziwym pisarzom;
- metafor – poetom;
- dorobku – wybranym reżyserom;
- talentu plastycznego;
- złotej rączki – złotej rączce;
- płynnego komunikowania się w językach obcych, szczególnie w angielskim, hiszpańskim, francuskim, włoskim, portugalskim, mandaryńskim, japońskim, arabskim – oczywiście z poprawnym akcentem;
- umiejętności zapamiętywania sekwencji liczb;
- umiejętności zapamiętywania tytułów, nazwisk, ulubionych fragmentów prozy i poezji;
- umiejętności pieczenia chleba i ciast;
- wspaniałego dzieciństwa;
- bycia znakomitym rodzicem;
- wyprzedania biletów na stadionowe koncerty;
- wybranych piosenek i tekstów – rodzimym i zagranicznym artystom;
- chatki na Mazurach na działce z dostępem do jeziora;
- domu w Kalifornii z zejściem na plażę i domu na wzgórzach;
- szóstki w Lotto w dniu dużej kumulacji;
- skoku ze spadochronem;
- podróży, ze szczególnym uwzględnieniem tych odbywanych w pojedynkę;
- umiejętności medytowania;
- odwagi i siły – rodzicom, którzy samotnie wychowują dzieci lub wychowują dzieci chore;
- stanu konta, który pozwala codziennie być Świętym Mikołajem dla wszystkich w potrzebie;

- możliwości oglądania świata bez okularów;
- spokoju i najwyższej świadomości – mistrzom duchowym;
- urodzenia więcej niż jednego dziecka.

Na dziś to tyle. Domyślacie się pewnie, że wszystko z tej listy wielokrotnie przerabiałam w całości bądź pojedynczo – w filmach kręconych wyobraźnią – ilekroć usłyszałam, że ktoś czegoś właśnie doświadcza w realu. I nie czułam ani krzty negatywnej emocji, która zaburzyłaby mój stosunek do samej siebie czy tych, co mają okazję świętować. Mało tego: czasem się zdarzało, że jakiś fragment mojego filmu materializował się w rzeczywistości – i to jest dopiero sztos!

Pozwólcie, że się oddalę, bo muszę rozstawić sztalugi i namalować serię obrazów na wystawę, którą przygotuję w przyszłym miesiącu. Mąż już czeka przy ebonitowym aparacie, by odebrać telefon z informacją, że wszystkie wyprzedały się za nieosiągalną wcześniej kwotę miliarda miliardów i zawisną po połowie w Luwrze i w MoM-ie. Ale najpierw zrobię szpagat, by rozgrzać dłonie.

Co ludzie powiedzą?

Ludzie powiedzą, co zechcą, co im ślina na język przyniesie, bo ludzie, choć mogą, nie rezygnują z mówienia. Zachowują się jak dzieci cierpiące na chorobę lokomocyjną – one reagują wymiotami na wrażenia, jakich dostarcza podróż – tyle że do werbalnych torsji doprowadza przesuwający się błyskawicznie za szybami źrenic krajobraz rzeczywistości. Ludzi po prostu mdli od patrzenia na świat. Pamiętajmy jednak, że wymiotowanie rozczarowaniem jest chorobą, jak ta lokomocyjna.

Zastanawiam się, czy to jest nasze, polskie, czy ogólnoludzkie. Nie mogę tego sprawdzić, bo praktycznie nie rozmawiam z ludźmi podczas podróży. A nie rozmawiam, bo wstydzę się akcentu i tego, że popełnię błąd gramatyczny, i co ludzie powiedzą, jeśli mnie na tym przyłapią. Przewertowałam ostatnio sceny z własnego życia, by sprawdzić, ile razy dopuściłam się grzechu zaniechania z lęku przed opiniami ludzi. Ogarnął mnie wielki smutek. Bardzo dużo tego było. Ileż to razy wolałam zostać w domu, niż skorzystać z zaproszenia, bo się obawiałam, że źle wypadnę? Mnóstwo. Nie zliczę tych momentów, gdy z głupim uśmiechem kiwałam głową w milczeniu, gdy inni dyskutowali, aż furczało, bo bałam się, że palnę coś nie dość mądrego.

Potrafiłam siedzieć na krześle, gdy mój pęcherz był bliski eksplozji, bo bałam się, że ludzie w pomieszczeniu zobaczą mój wielki tyłek zmierzający do toalety i coś na jego temat powiedzą. Wolałam podpierać ściany, przekonana, że głupio się ruszam; głupio w ocenie innych tańczących. Jadłam, niemal płacząc, przesolone potrawy, żeby kelner nie pomyślał, że gwiazdorzę. Mrużyłam oczy w pełnym słońcu, ale nie wkładałam okularów przeciwsłonecznych z tego samego powodu. Gotowałam się na plażach ubrana od stóp do głów, by nie dostarczać plażowiczom pożywki w postaci wystawionego na widok publiczny nieidealnego ciała. Cierpiałam z bólu po operacji, ale nie nacisnęłam czerwonego guzika; nie chciałam budzić pań pielęgniarek. Schodziłam z drogi idącym z naprzeciwka. Nosiłam za ciasne buty. Nie zwracałam niepasujących ubrań. Przepraszałam, gdy zawinił ktoś inny. Nadstawiałam szyję wampirom energetycznym. Pozwalałam na szantaże emocjonalne. Dawałam się obrażać we własnym domu.

Mam koleżankę, która chce malować. Ma talent. Ma czas. Nie maluje. Siedzi sparaliżowana ze wzrokiem przyszpilonym do czystego płótna. Dlaczego? Trochę z obawy, że nigdy nie będzie malować tak, jak ci wszyscy malarze, których ceni. Najbardziej jednak blokuje ją myśl, co powiedzieliby ludzie, gdyby zobaczyli jej obrazy. Oczywiście umysł podpowiada jej jak najgorsze komentarze: że banalne, że z czym do ludzi, że to już było, że za stara na debiut.

To samo słyszy w głowie inna koleżanka, która zamiast pędzla chciałaby operować piórem. No, może dodatkowo spodziewa się komentarza: Grafomanka.

Kilka innych przełyka zdrady mężów, zamiata pod dywan codzienne zniewagi, czeka na rozkazy dorosłych dzieci lub tkwi w upokarzających układach zawodowych – z obawy przed napiętnowaniem przez rodziny lub społeczeństwo.

Kolejne ziarna piasku przeciskają się przez wąską kibić klepsydry, nabłonek macic złuszcza się miesiąc po miesiącu, a koleżanki siedzą bez ruchu, paląc w ogniu wyobrażonych spojrzeń swoje marzenia. Właśnie to jest najsmutniejsze. Ludzie nawet nie muszą nic mówić, ręce wiążemy sobie sami – przerabiając w wyobraźni prawdopodobne reakcje otoczenia.

Ludzie zawsze powiedzą to, co chcą powiedzieć, bez względu na to, co zrobimy. Dlaczego im nie pozwolić? Po co nadawać rangę ich słowom? Wszyscy przecież umrzemy. Mało tego: możemy umrzeć w jednej chwili, bez ostrzeżenia. Czy nie fajnie byłoby przeżyć czas, jaki mamy, zgodnie z własnoręcznie napisanym – bez cenzury, ale też autocenzury – scenariuszem? Co najgorszego może mnie spotkać, jeśli wyjdę na plażę w stroju kąpielowym? Zniesmaczeni plażowicze odwrócą wzrok, a ponieważ jestem piosenkarką, któryś pewnie strzeli mi fotę, wyśle do brukowca, a potem milion Polaków, których nie znam, napisze, że jestem grubą lochą. No i, oczywiście, ta fota będzie najchętniej klikana – przez jakiś czas. Czy umrę od tego? Fizycznie nie. Ewentualnie mogę się zadręczyć rozmyślaniami. Czy w skali świata ma to jakiekolwiek znaczenie? Ile czasu może się śmiać i pisać komentarze nawet liczna grupa ludzi, zanim poczuje znużenie? Wiem, że prędzej czy później to się skończy. Co najstraszniejszego może się wydarzyć, jeśli zatańczę, jak mi się marzy? Powiedzą, że beznadziejnie tańczę, ale co się poruszam, to moje. Wampir energetyczny nawet nie podziękuje za posiłek, po co więc go karmić? Niech się stołuje gdzie indziej.

Polecam wam cudowną formułkę na lęk przed tym, co ludzie powiedzą, a brzmi ona: I co z tego? Nic z tego. Za każdym razem okazuje się, że nic z tego. Oni będą gadać – to pewne. Będą gadać tyle, ile trzeba, by się nasycić – nie dłużej. Chodzi o to, by własnym zaangażowaniem nie spowodować, że monolog zamieni się w dialog.

Nie wahajcie się użyć własnego życia, by żyć, jak wam się podoba.

Polać?

A PEWNIE, TYLKO NIEDUŻO, NIE JESTEM JAKĄŚ PIJACZKĄ! Tak mówią ciocie, które, gdyby zlać czysty alkohol z tych leciutkich drineczków, wypijają podczas trwania imienin 0,75 litra.

– A CO JA TAM WYPIŁAM, ZE CZTERY KIELISZKI WINA – z dumą mówi koleżanka, która nie dostrzega, że te cztery pękate kieliszki to inaczej butelka.
– JA DZIŚ OSTROŻNIE, TYLKO PIWKO – zastrzega kumpel, który ostrożnie wypija piwek dwanaście.

Różne rzeczy się mówi, by przekonać samego siebie, że nie jest jeszcze tak źle.

– JA PIJĘ TYLKO WINO, KULTURALNIE, ŻADNYCH MOCNYCH ŚWIŃSTW. – No tak, ale korkami od tych win można by wyłożyć elewację kamienicy, w której mieszkasz.
– JA NIGDY NIE PIJĘ SAMA. – No tak, ale od poniedziałku do piątku gościsz kogoś u siebie, a w weekendy ty chodzisz w gości.
– NA IMPREZY ZAWSZE JEŻDŻĘ SAMOCHODEM. – No tak, ale w drodze powrotnej zahaczasz o stację benzynową, kupujesz, co trzeba, i pijesz w domu do lustra.
– PIJĘ TYLKO NA WAKACJACH. – No tak, ale na wakacjach pijesz od rana przez cały dzień, aż do momentu, gdy padniesz. Od pięciu lat o przebiegu wakacji dowiadujesz się ze zdjęć. Na każdym jesteś nieostry.

– PIJĘ TYLKO WTEDY, GDY JEST CO ŚWIĘTOWAĆ. – Sprawdźmy: ukochana drużyna wygrała, ty wygrałeś zdrapkę w zdrapkę, umyłeś samochód, żona była u fryzjera, Magda Gessler pomogła tamtej knajpie, syn zaliczył na dwóję, a mógł przecież dostać pałę, nareszcie pada albo przestało padać.

– DALEKO MI DO TEGO ŻULA SPOD TRÓJKI. – No, to rzeczywiście luz.

No właśnie, ten żul... W wyobraźni przeciętnego człowieka ma bordowy nos, na grzbiecie warstwy wygrzebanych ze śmietnika ubrań, wonieje nieznośnie, pije denaturat i nie pracuje. Stał się modelowym przykładem prawdziwego alkoholika, co doprowadziło do upadku całe rzesze kobiet i mężczyzn, którzy pili na luzie, bo w niczym żula nie przypominali. Jest bezpiecznie, bo piję japońską whisky z kryształowej szklanki, którą podnoszę do ust dłonią z sygnetem. Spójrz, jak połyskuje spinka przy mankiecie. Nie muszę uważać, bo sączę prosecco, a na nocnym stoliku trzymam Vetulaniego. Mam świetną pracę, znakomicie zarabiam. Dzieci są zadbane, bo dbam o nianię, która o nie dba.

Niebezpiecznie robi się wtedy, gdy uwielbiasz wino, ale jeśli go zabraknie, zaciskasz powieki i pijesz cokolwiek. Wtedy, gdy reagujesz agresywnie, bo ktoś zwraca ci uwagę, że może trochę się to wszystko wymyka spod kontroli. Gdy wyliczasz innym, ile piją. Gdy chcesz sobie udowodnić, że nie musisz pić, więc ślubujesz miesięczną abstynencję, a potem nie dotrzymujesz słowa. Albo dotrzymujesz, lecz odliczasz każdą sekundę do końca, by znów pić, a i tak jesteś przekonany(-na), że nie ma problemu, bo wytrzymałeś(-łaś) miesiąc. Jeśli przestajesz chodzić po alkohol do osiedlowego sklepiku, żeby ekspedientki sobie „nie pomyślały", a chodzisz do innego, znacznie bardziej oddalonego od domu.

Może pijesz, by zasnąć, budzisz się o trzeciej nad ranem i nie wiesz dlaczego? Może gdy wybierasz się ze znajomymi pod namiot, jako pierwszą na liście niezbędnych zakupów umieszczasz wódkę i popitkę? Może drżą ci ręce, bo pijesz od roku – kulturalnie oczywiście – i twierdzisz, że to od kawy, która, jak wszyscy dobrze wiedzą, wypłukuje magnez? Może już ci się zdarzyło wsiąść do auta po alkoholu? Może wolisz zostać w domu, gdy zapraszają cię na bezalkoholowe party? A może nie lubisz małych torebek, które mieszczą tylko telefon, ale już nie małpkę? Może czujesz się nieswojo w towarzystwie niepijących? Może czujesz się przez nich oceniany(-na)?

Problem polega na tym, że kiedy się pojawia, to nie ma szans go wydostać spod warstwy zaprzeczeń i zobaczyć w całej okazałości. Widzą go bliscy, w których wkrótce rozpoznasz obcych, których obarczysz odpowiedzialnością za swoje picie, bo się czepiają, bo zrzędzą, doprowadzają do szału. Sygnetem rozetniesz żonie łuk brwiowy, rzucisz kryształową szklanką o ścianę. Albo upijesz się prosecco i wyzwiesz nianię od durnych kurew.

Kiedy pijesz, bo odczuwasz ból niefizyczny, bo zalewają cię emocje, a z nimi nie umiesz sobie radzić, bo boisz się ciszy, w której spotkanie ze sobą staje się nieuniknione, w której powracają koszmarne wspomnienia, kiedy czujesz się obco w sobie i poza sobą, to znaczy, że jest problem, a ty uwierzyłeś(-łaś), że alkohol zabierze cię hen, daleko, tam, gdzie życie jest możliwe do udźwignięcia. Ale to nieprawda.

Pora karmienia

Wychodzi na to, że większość życia przejadłam. Wszystko, czego dokonałam, miało miejsce w przerwach między kęsami. Mam bardzo zapracowany żołądek. Nigdy nie był na urlopie. Trawi za dnia, trawi w nocy, kiedy śnię. Gdybym umarła, a on wraz ze mną, jest więcej niż pewne, że śmierć zastałaby go przy pracy. Nawet gdy doświadczałam okresów egzystencjalnej pustki, on był pełen treści. Na czczo? Tłumacz! Pilnie potrzebny tłumacz, bo nie rozumiem!

Za pięć dni minie tydzień, odkąd jestem na diecie. Tym razem płynnej. Żołądek czuje się aktualnie jak typowy Japończyk, który z pracy uczynił sens istnienia, a został zmuszony do przejścia na emeryturę. Jedynym sensownym rozwiązaniem dla obu wydaje się harakiri.

Zapytacie, jak to możliwe, że po niezliczonej ilości porażek udaje mi się konsekwentnie trzymać dietę prawie tydzień. Otóż dotarło do mnie, że obżarstwo jest wirusem i jak z wirusem należy się z nim obchodzić. Ja się po prostu zakaziłam w dzieciństwie.

Głód był wspólnym doświadczeniem pokolenia naszych dziadków. Gdy moi po wojnie dotułali się do miejsca przeznaczenia, wiedzieli, że to sytość będzie na czele listy potrzeb i pragnień. Znaleźli mieszkanie z pokaźnym ogrodem, który zagospodarowali w pierwszej kolejności. Kiedy pojawiłam się na świecie, mogłam obserwować ich dzieło w pełnym rozkwicie. To nie były czasy wydumanych warzyw i owoców. Babciny asortyment był prosty i typowy dla naszej szerokości geograficznej. Kapusta, marchewka, ogórki, szczypior, sałata, koper, czosnek, szczaw, groszek, czarna i czerwona porzeczka, maliny, truskawki, papierówki, no i mnóstwo kwiatów. Do pewnego momentu babcia miała nawet własne kury. W sklepie Na górce dziadkowie kupowali nabiał, pieczywo, czasem czerwone mięso. Dwa razy do roku znajomy rolnik wrzucał im przez piwniczne okno ziemniaki. Babcia bez przerwy stała przy kuchni, bo gąb do wykarmienia było sporo. Na co dzień gotowała proste potrawy, w niedzielę zaś uświęcała dzień święty obiadem na wypasie. Nic, co by zrobiło wrażenie na Instagramie, ot makaron własnej roboty, długo gotowany rosół i drugie danie koniecznie z porcją mięsa. Uwielbiałam piwnicę dziadków, jej zapach pamiętam do tej pory. Na wielu półkach stały powciskane tematycznie do słoików zbiory z ogrodu. W dużej drewnianej beczce zawsze była kiszona kapusta, którą deptał wyszorowanymi stopami dziadek. Na zapasach z piwnicy spokojnie można by przeżyć parę miesięcy trzeciej wojny światowej, gdyby nieoczekiwanie wybuchła. Jak się przeżyło dwie, człowiek lubi się zabezpieczyć na wypadek trzeciej.

Ta rodzina kochała jeść. Jakby się chciała najeść na zapas. Nie wyssałam tego pragnienia z mlekiem matki, bo matczyne piersi były puste, więc uważam, że jestem, jaka jestem, przez zapatrzenie lub zarażenie. Warto dodać, że w tej rodzinie jedynym sposobem komunikowania uczuć było karmienie. Babcia miała azbestowe ręce. Podnosiła gorące garnki bez zabezpieczenia, ale nie umiała czule dotykać swoich dzieci. Gdy otwierała usta, wartkim, niekończącym się strumieniem wypływało z nich rozczarowanie, podczas gdy miłosne wyznania pozostawały w wiecznym oczekiwaniu. Ich czas nie nadchodził, babcia karmiła, a karmieni przeliczali jej miłość na kilogramy nadwagi.

Jeżeli człowiek od małego funkcjonuje w otoczeniu, które czynności niemal fizjologicznej przypisuje mnóstwo dodatkowych znaczeń, to nic dziwnego, że ma potem z jedzeniem patorelację. Dodatkowo okazuje się, że cały świat robi z jedzenia wielką sprawę. Czy jakiekolwiek dziko żyjące zwierzę uczyniło z posiłku ceremonię? Czy znane są przypadki przejedzenia u zwierząt? Czy zwierz leży bezczynnie pod drzewem, rozmyślając, co by tu zjeść, albo ma wrażenie, że jak nie zje czegoś słodkiego, to zwariuje? Czy są wśród zwierząt grubasy? Kto spotkał na leśnej ścieżce dwie otyłe sarny, które umawiają się na wspólne ćwiczenia, żeby zrzucić tłuszcz z zadów? Zwierzę je, gdy jest głodne, a odstępuje od posiłku, gdy głód zaspokoi. Nadwagę mają tylko zwierzęta domowe, które fisiują na punkcie żarcia jak ludzie, z którymi przestają. W przyrodzie, jeśli coś jest ogromne, to takie powinno być. Nie ma chudych hipopotamów czy słoni. Ale nie ma też spasionej gazeli czy żyrafy z drugą brodą. Choćbyśmy nie wiem jak usilnie starali się wynieść ponad wszelkie stworzenie, nic nie zmieni tego, że jesteśmy częścią natury, a w naturze obowiązuje zasada, że je się, żeby żyć, a nie odwrotnie. Tymczasem każda stacja telewizyjna ma w swojej ramówce program kulinarny, są kanały poświęcone wyłącznie spożywaniu. W każdym filmie jest scena jedzenia. Bohaterowie umawiają się na randki w restauracjach, a droga do serca wiedzie przez żołądek. Od dziecka pokazuje się nam ludzi, którym po przełknięciu pożywienia na twarzach maluje się obraz błogiego szczęścia. Uczymy się, że „pysznie" znaczy „szczęśliwie", a gest głaskania się po brzuchu to gest człowieka spełnionego.

Zakładam, że to moja ostatnia dieta, po której stosunek do jedzenia zmieni mi się na właściwy, naturalny. Jestem wytrwała proporcjonalnie do wściekłości, jaką czuję. A czuję się zrobiona w konia, zmanipulowana, wykorzystana. I jak zwykle chodzi o kasę. Człowiek, któremu się wmówi, że jedzenie jest tak ważne, będzie całymi dniami warował przy misce. Zyskują na tym producenci misek, żarcia, trenerzy fitnessu, lekarze, dietetycy, farmaceuci, terapeuci. Na tej obsesji bogaci się cały patologicznie żądny zysków świat.

Dlaczego filmowa zakochana para nie umawia się na romantyczną randkę w kiblu, dlaczego razem nie wydala? Przecież to ta sama kategoria potrzeb co odżywianie. Ale akurat na tej potrzebie fizjologicznej nie da się zarobić. No i nieatrakcyjnie brzmi „przez odbyt do serca". Nie sposób też sobie wyobrazić, że Magda Gessler wraz z dwójką pozostałych jurorów ocenia w telewizyjnym show kupy uczestników, którzy walczą o tytuł Shit Mastera.

Podsumowując. Utyłam, bo uwierzyłam, że jedzenie = miłość, a także dlatego, że kiedyś, nie wiem kiedy, człowiek bądź grupa ludzi postanowili przekonać całą resztę, że żyje się po to, by jeść. Przez większość życia byłam niezwykle podatna na manipulację i głęboko przeświadczona, że nie mam prawa podawać w wątpliwość treści wypowiadanych z onieśmielającą pewnością siebie przez tych, od których czułam się gorsza i głupsza. Uznałam swoją pozycję gościa w świecie, który zastałam urządzony tak, a nie inaczej. Koniec z tym. To jest też mój świat, a z całą pewnością ten maleńki jego fragment – dom. Nie pytaj mnie, co dziś jadłam. To nie jest temat.

Koronawirus

Mija sześć miesięcy, jak zakazano nam opuszczać domy. Szum w lewym uchu strasznie mnie męczy; odbieram go znacznie intensywniej, odkąd ustał wszelki ruch na ulicach i w powietrzu. Czasem środkiem jezdni przeturla się niczym biegacz pustynny porwana przez wiatr torebka foliowa lub strona ze starej gazety.

Dziś zjemy piure z białej fasoli z piure z kukurydzy, do tego mielone ze zmielonej mielonki według ostatniego przepisu Magdy Gessler, która inspiruje na swoim kanale na YouTubie, odkąd zamknięto TVN. Bardzo mi zaimponowała, kiedy po spróbowaniu ponczu na bazie syropu Tussipect rzuciła miską o podłogę, krzycząc do siebie: Dlaczego, kurwa, trujesz ludzi¿! Podoba mi się też, że przed każdym filmikiem proponuje nową nazwę dla swojej kuchni: Papilok, Dolina dominy, Mary z czary, Pod złotym pakułem. Tym, co ugotuje, częstuje pedikiurzystkę, która robiła jej stopy w chwili, gdy ogłoszono zakaz wychodzenia na ulicę. Jestem wdzięczna mężowi, że głuchy na moje protesty zrobił solidne zapasy, zanim wszystko stanęło.

Cieszę się, że mimo pandemii nadal działa internet. Jako że nie ma nowych tematów, do łask powróciły stare. Mąż ogląda stare mecze piłki nożnej, jest w roku osiemdziesiątym drugim. Maffashion, nadal bardzo aktywna na Instagramie, fotografuje się w ubraniach, o których myślała, że już zawsze pozostaną na strychu. Ludzie ją lżą, mówią, że to już było, a ja pytam, skąd ma brać nowe, skoro producenci nie produkują, a kurierzy nie dostarczają? Niech ci ludzie się cieszą, że nadal współpracuje z projektantami, którzy projektują i wysyłają jej gotowe rysunki, by zamieściła w poście i ohasztagowała.

Maski przeciwwirusowe wprost uwielbiam. Dzięki nim nie muszę wstawiać zębów, uśmiechać się półgębkiem. No i mąż nie widzi, że pod maską starzeję się na luzie i z godnością. Termometr – każde z nas trzyma go pod pachą non stop. Teraz to pestka, ale sporo ćwiczyliśmy z Chodakowską podczas jej programu „Rtęć", żeby nauczyć się funkcjonować z nim w codzienności, żeby go, broń Boże, nie upuścić.

Lajki pełnią obecnie funkcję dawnego pieniądza. Nie lajkuje się już ot tak. Zamożność ocenia się po lajkach, których nie można wydać, ale można gromadzić i czuć satysfakcję, że ma się więcej niż inni. Najbogatsi są Dawid Podsiadło i raperzy. Mnie nie idzie zbyt dobrze. Marzę, by odłożyć trochę lajków na czarną godzinę i starość, bo od ZUS-u dostanę może półtorej łapki w górę, nie więcej.

PiS nigdy nie miał takiego poparcia. Wszak za żadnego rządu nie było urlopu bez końca. Za urodzenie dziecka kobieta dostaje dwadzieścia lajków. Te, które uznają ciążę za niechcianą, proszą o aborcję partnera, a on nie może uciec od odpowiedzialności. Jeśli partner mdleje na widok krwi, aborcję robią sobie same. Nadal odbywają się marsze, ale już nie czarne, tylko takie, żeby pokrzyczeć do monitora na Skypie, więc rząd nie musi się przejmować. Są mniej liczne niż dawniej, bo wiele osób jest zajętych rachunkiem sumienia; a nuż przyjdzie umrzeć na grypę lub ze strachu, że zaatakuje.

Jeśli komuś się już umrzeć zdarzy, a nie był chory na grypę, to się go sprawia, żeby zjeść. Tu nie polecam przepisów Gesslerowej, bo dodaje za dużo czosnku. Znacznie lepiej przyrządza ludzinę Modest Amaro. Jego długo pieczona łydka z fasolą lub haluksy w galarecie udekorowane kukurydzą to czysta poezja. Tak myślę, bo spróbuję, gdy mąż odejdzie. Ludzinę chętnie jedzą nawet weganie, bo nie trzeba zabijać w celu jej pozyskania. Choć, jak znam życie i podłość ludzką, na pewno są domy, w których ktoś kogoś tuczy fasolą i kukurydzą, by go zarżnąć, gdy osiągnie odpowiednią masę. Na szczęście można to robić tylko na użytek własny, bo nie wolno wychodzić z domu, więc nie da się pohandlować.

Znów słuchamy dużo muzyki. Z winyli. Mamy tego sporo, a gdy przesłuchamy wszystko, zanim epidemia się skończy, to zaczniemy od początku. Myślę, że poziom czytelnictwa znacznie wzrósł. Kiedy nie ma rozpraszaczy w postaci nowości filmowych, imprez, snucia się po mieście, jest czas na czytanie. Ja jadę po kolei od lewej strony najwyższej półki regału. Jeszcze tylko *Piana złudzeń* Viana, *Medaliony* Nałkowskiej i zejdę piętro niżej, gdzie jako pierwsze stoją *Wszystkie odcienie czerni* Ilony Felicjańskiej. Cóż, jak wszystko, to wszystko. Wczoraj odwiesiłam Hey-a. Przyszło mi to łatwo, bo nie można robić prób, spotykać się ani grać koncertów. Cieszę się po prostu tym, że znów działamy. Mamy tyle mydła antybakteryjnego, że po kąpieli wcieramy je w skórę na sucho, a cienkie płatki podjadamy z salaterki, jak dawniej czipsy, oglądając film.

Z nadmiaru czasu zaczęłam trochę feminizować i założyłam wątek *Nie dla pandemii* na Facebooku. Stałam się dosyć popularna, bo jako pierwsza zwróciłam uwagę na patriarchalne kurewstwo, które nawet do słowa z żeńską końcówką doczepiło męskie „pan-". Zbieram podpisy pod internetową petycją, by zmienić nazwę na panidemia. Kościół nie odpuszcza. Od tygodnia zaczepia mnie na Messengerze ksiądz po kolędzie. Udaję, że mnie nie ma. Wysialiśmy z mężem w donicach marihuanę – nasionka znalazłam w starych spodniach syna – bo kto nam zabroni. Wyrosła, jednak nie palimy, bo cholera wie, kiedy panidemia się skończy, a po tym strasznie chce się jeść.

Reszta bez zmian.

Najładniejszy naród na świecie

Wata cukrowa w nienaruszonej postaci może być tak duża, że ledwie mieści się w drzwiach. Zmięta w dłoni robi się malutka, a na wilgotnym języku zupełnie znika, zmienia się z widzialnego w niewidoczny dla oka słodki smak. Podobnie jest z liśćmi szpinaku. Każdy widział przemianę ogromnej ilości świeżych liści w zwiotczałe NIC po zetknięciu z gorącą patelnią. Zauważyłam, że istnieją zbitki słów, które, na podobieństwo waty i szpinaku, sprawiają wrażenie pełnych treści, a w rzeczywistości ważą tyle, ile powietrze. Niezmiennie wywołują efekt WOW, mimo że wszyscy lądowaliśmy w czarnej dupie za każdym razem, kiedy dawaliśmy im wiarę.

Nigdy w życiu nie spotkałem takiej kobiety jak ty. Pierwszy raz czuję coś takiego. Jesteś najpiękniejszą kobietą, jaką widziałem – to mały zestaw kluczy, które otwierają większość kobiecych serc. Męskich również, choć tu w zasadzie wystarczyłby jeden prosty w formie kluczyk, a mianowicie: Nigdy nie było mi z nikim tak dobrze w łóżku jak z tobą. Człowiek słyszy zdanie wytrych i nie zadaje żadnych pytań. Nie przychodzi mu do głowy, że w tym samym momencie, w różnych miejscach na świecie, w różnych językach jedni w ten sposób rozmiękczają drugich. Mało tego: czuje się jak kolekcjoner rzadkiej biżuterii i podskakuje w ekstazie, bo oto znalazł gigantyczny różowy diament, podczas gdy w szkatule ma sześć identycznych, które po czasie okazały się zwykłymi szkiełkami. No proszę, powiedzcie, że nie jestem sama... Powiedzcie, że nie tylko ja odrywałam się lekko od ziemi, gdy słyszałam rzucone niby od niechcenia: Jesteś niesamowita. Jesteś absolutnie wyjątkowa. Nie mogę bez ciebie żyć.

Jeśli myślicie, że zdania klucze funkcjonują tylko w relacjach romantycznych, to muszę was wyprowadzić z błędu. One czyhają na nas wszędzie. Czy znacie to uczucie, gdy wahacie się w kwestii zakupu czegoś, a sprzedający rzuca: Proszę się spokojnie zastanowić, nadmienię tylko, że zainteresowanie jest ogromne, mam nadzieję, że nikt pani nie ubiegnie. I sekundę później targacie do domu to coś albo odbieracie klucze do pierwszego mieszkania, jakie zaproponował agent nieruchomości. Albo: Bardziej się opłaca kupić sześć dezodorantów niż jeden, mamy świetną promocję – i nie przychodzi wam do głowy, że przez najbliższe dwa lata musicie pachnieć orchideą, choćby nie wiem co. Albo: zewsząd znika papier toaletowy i mydło i wkrótce zdajecie sobie sprawę, że musicie się podcierać rolkami papieru, żeby przed śmiercią zużyć cały zapas, a bliscy przez lata w prezencie od was będą dostawać mydło. Antybakteryjne oczywiście.

Politycy. Oni chyba kiedyś usłyszeli, że makaron się kończy, i zrobili takie zapasy, że od niepamiętnych czasów nawijają nam ten makaron na uszy, a my jak te ciołki bezrefleksyjnie wierzymy, że tym razem będzie wspaniale. Te cwane lisy są wyjątkowo cyniczne i przebiegłe. Marzy mi się, by każdy obywatel zaznał dobrobytu – spójrzcie, jaka tanizna. Marzy mu się. A mnie się marzy, żeby schudnąć. Od zawsze. O, dziś też. Przecież wiemy, jaka jest różnica pomiędzy marzeniem a jego fizyczną manifestacją. Wiemy i decydujemy się wybrać kolesia, z którym będziemy sobie wspólnie marzyć. Przez całą kadencję. Dlaczego z całego zdania słyszymy tylko słowo „dobrobyt", podczas gdy najistotniejsze jest „marzy mi się"?

Albo: Wszyscy Polacy zasługują na godną płacę. I znów „zasługują" jest bezdźwięczne, a „godna płaca" masuje nam zmęczone od zapierdalania za grosze ramiona. Człowiek potrafi życie przeżyć, mając nic, byle ktoś mu powtarzał, że zasługuje na wszystko. Jak my, artyści, zdolni przetrwać bardzo długo za pieniądze, których się spodziewamy. Jesteśmy narodem bohaterów – miło się robi na serduszku, co? Naród czuje się dobrze, gdy to słyszy. Nic dziwnego, jesteśmy narodem dzieci udających dorosłych. Dzieci, które cierpią na niedostatek uwagi, miłości. My – kobiety i mężczyźni, którzy dojrzewali, często słysząc: Co z ciebie wyrośnie?! Nic z ciebie nie będzie! Gówno wiesz! Zejdź mi z oczu. Jesteś beznadziejny. Kobiety i mężczyźni, czekający całymi latami na: Jesteś moim bohaterem – z ust ojca czy matki, z braku laku chętnie zagłosują na misia, który wypowie to z ekranu telewizora. Zawsze coś.

Będę o was walczył – to też świetnie rezonuje z każdym, kto w dzieciństwie nie miał na kogo liczyć. Każdy dzieciak poniżany przez jednego z rodziców przy biernej postawie drugiego rzuci się w ramiona każdemu, kto powie: Będę o ciebie walczył. Ochronię cię.

No i już zupełnie beznadziejne, lecz znieczulające jak strzał z heroiny: Za naszej kadencji polska gospodarka przeżywa prawdziwy rozkwit. Czemu to, kurwa, działa, to ja nie wiem. Co to za przedziwna zasada, że człowiekowi robi się milej, kiedy słyszy, że abstrakcyjna gospodarka kwitnie, gdy sam pod koniec miesiąca kupuje na zeszyt, dzieciakom ceruje portki, a ze znajomymi od lat pije na smutno.

Albo: Poprosiłem naukowców, by przyspieszyli prace nad szczepionką – i już się czujemy bezpieczniej. I już myślimy: Fajny z niego gość, troszczy się.

Może chcecie zagłosować na mnie? Bo nigdy nie widziałam piękniejszych ludzi od was i jestem pewna, że gdybym się z wami przespała, to byłby to najlepszy seks w moim życiu. Bo jesteście najładniejszym i najlepszym w łóżku narodem. Jesteście wyjątkowi, jesteście bohaterami i marzy mi się, by o was walczyć. Poprosiłam budowniczych dróg i mostów, by wybudowali tyle dróg i mostów, żeby każdy Polak miał prywatną drogę do wszędzie i własny most, którym przedostanie się z miejsca, gdzie stoi, na drugą stronę – do tam, gdzie chce stać. Środowisko będzie kwitło. Stosunek do was za granicą będzie fantastyczny – już ja o to zadbam. Będziemy mieli 38 milionów konstytucji, żeby każdy obywatel miał taką, jaka mu się podoba. Każdemu ofiaruję zatemperowany ołówek do skreślenia szóstki w Lotto, bo zasługujecie na dobrobyt. Wszystko będzie dobrze. Kocham was bardzo.

Wygrałam? Mam nadzieję, że nie.

Czarcia doba

Zdarza się czasem taki dzień, który jeśli go rzetelnie podsumować, nic, ale to absolutnie nic dobrego nie przyniósł.

Ze snu budzi mnie pies, który przydeptuje mi włosy, wyrywając z cebulkami pokaźną kępkę. Oprawiony w ramę okienną obraz, przedstawiający żywą naturę z huśtawką, świadczy dobitnie o głębokiej depresji artysty. Niezgrabnie próbuję wygrzebać się spod kołdry, która więzi stopy. Człapię do toalety. Nienaoliwione kolana skrzypią niemiłosiernie. Odruchowo rzucam okiem na kolor uryny. Nigdy nie lubiłam żółtego – myślę. Spryskuję powietrze morskim zapachem, od którego natychmiast zaczyna mnie mdlić. Chyba nigdy nad morzem nie byli, idioci – mruczę pod nosem i uderzam łokciem we framugę drzwi. Boli jak tysiące małych gwoździków wbijanych jednocześnie w kość. Klnę głośno. Łzy tworzą w oczach menisk wypukły; gubię je w przedpokoju. W drodze do kuchni uderzam kostką w stołową nogę. Tym razem w wywrzeszczanym słowie „kurwa" znacząco przeciągam „a" i kopię w stół z siłą bramkarza wykopującego piłkę tak, by przekroczyła połowę boiska. Ryczę. Ekspres do kawy żąda po kolei: usunięcia fusów, oczyszczenia filtra, wypłukania jednostki zaparzania, przepchnięcia rurki do mleka, dosypania kawy. Z trudem się powstrzymuję, by nie sięgnąć po tłuczek do mięsa. Otwieram mleko i szarpiąc za plastikowy dynks, rozlewam większość na blacie. Sprzątam. Nastawiam wreszcie kawę i idę do łazienki. Patrzę w lustro – włosy układają mi się w psie uszy. Worki pod oczyma są pełne, jakbym powrzucała do nich ogromną ilość drobnych monet. Wyszczerzam zęby i przejeżdżam po nich językiem jak modelka w reklamie pasty do zębów. Zęby nie są białe, ja nie jestem seksi, a ruch pokrytego osadem języka czyni cały widok groteskowym. Wykonuję poranne ablucje automatycznie i beznamiętnie, nie patrząc w lustro. Wkładam dres i przechodzi mi przez myśl, że zniszczę sobie małżeństwo, ale mam to gdzieś. Wracam do salonu, wypuszczam psy i siadam do kawy. Ręka sama sięga po telefon. W skrzynce mejl od menedżerki, w załączniku list od ewidentnie niezrównoważonego mężczyzny, który pisze, że musimy sobie coś wyjaśnić. Przychodzi mi do głowy, że moja praca jest bez sensu, bo sprawia, że obcy wpisują mnie w swoje urojenia i bywam gościem w umysłach, do których nigdy nie miałabym potrzeby wpadać z wizytą. Dzwoni koleżanka, by ponarzekać na byłego. Dzwoni druga, by powiesić psy na obecnym. Grzebię trochę w internecie. Wielogłowie ludzkości wali jak co dzień w twardą ścianę więzienia, jakim stała się ta planeta. Więzienia, którego mury ludzkość wzniosła własnymi rękoma. Może by uciec, porzucić telefon przed przekroczeniem wrót dziczy, zaszyć się w niej i dożyć w ciszy do końca? Zapalam świeczkę, od której chwilę później zajmuje się pudełko z chusteczkami higienicznymi. Biegnę po wodę, potykając się o serce, które w panice wyskoczyło mi z piersi. Wyobrażam sobie męża i siebie jako bezdomnych pogorzelców.

Narzucam palto na dres i jadę po sprawunki. Wjeżdżam kolesiowi w tył auta, inny wjeżdża w tył mojego, reszta trąbi. Spostrzegam, że cały czas ciągnęłam po ulicy przytrzaśnięty drzwiami pasek płaszcza. Jest czarny i ciężki od błota. Słyszę, że jestem głupią babą, że lepiej by było, gdybym w domu siedziała zamiast za kierownicą. Obiecuję sobie, że jak zostanę wreszcie sama, to odpowiem w myślach tak, że im laczki pospadają. Samochód jest sprawny, więc jadę dalej. Bardzo ostrożnie i powoli. Liczę klaksony i faki. Kupuję produkty na zupę z soczewicy, ale o soczewicy zapominam. Zauważam to w domu, podczas wybuchu używam kurew, które nazbierałam od kierowców. Mam ich dużo, więc się nie ograniczam. Kot sąsiada leje w naszym salonie, strzelam do niego piorunami ze źrenic. Mąż mówi, że przesadzam. Wbijam dwie błyskawice w środek jego czoła, a trzecią w splot słoneczny. Niech sobie sam ugotuje włoszczyznę. Dzwoni nieznany numer. Baba próbuje mi wcisnąć robota wielofunkcyjnego. Obiecuję sobie, że jak już się rozłączę, to tak jej nagadam, że jej laczki spadną.

Nalewam wody do wanny, bo kąpiel to jak powrót do matczynego łona. Matczyne łono jest lodowate, bo padł piecyk. Narzucam szlafrok na wypustki gęsiej skórki i kładę się do łóżka. To jedyne miejsce, gdzie jestem bezpieczna. Zwijam się jak embrion, chowam głowę pod kołdrą, zasypiam. Śni mi się, że wypychają mnie nagą na scenę, gdzie już czeka wystrojona Beata Kozidrak. Orkiestra zaczyna grać, zasłaniam ramionami co się da i gorączkowo próbuję rozpoznać utwór. Bezskutecznie. Publiczność buczy. Zmiana scenerii. Jestem w domu, zewsząd schodzą się koty. Gryzą mnie po nogach, wskakują na ramiona i ranią pazurami policzki. Biegnę do okna i widzę na niebie statek macierz, od którego odłączają się mniejsze jednostki i oddają laserowe strzały w tkankę Warszawy. Wiem, że tego nie przetrwamy. Budzę się spocona. Jest 21.17. Przespałam większą część doby. Myślę, jakie to szczęście, że nie musiałam iść do pracy.

Piecyk już działa, ale rezygnuję z kąpieli. Zażywam zaległy suplement diety dla kobiet w okresie menopauzy, krztuszę się, mąż wali mnie pięścią w plecy, czyli stosuje przemoc fizyczną, a ja mu za to dziękuję. Wracam do łóżka i czytam pocieszający wpis Agnieszki Maciąg, która sugeruje mantrę i medytację ze świeczką. Odpalam mantrę, ze świeczki rezygnuję z obawy przed pożarem. Budzę się rano. Wszystko jest w porządku.

Nie mogę pojąć, dlaczego w trudnych do przewidzenia momentach takie dni się zdarzają. Na nic się zdaje ogrom pracy włożonej w organizowanie sobie dobrostanu, tak skuteczny w innym czasie. Grunt, że te ciężkie dwadzieścia cztery godziny, a czasem więcej, są bezradne w starciu z potęgą czasu sensu stricto. Jak wszystko. Również my.

PS Na podstawie wpisów na Facebooku wskaż osoby, które przeżywają właśnie czarcią dobę.

Guru w szaliku z piór

Oczywiście, że wszystko można zwalić na łatwy jak nigdy wcześniej dostęp do informacji i może rzeczywiście o to chodzi, mam jednak wrażenie, że w ciągu ostatnich dwudziestu lat zapotrzebowanie na wszelkiej maści guru, nauczycieli czy uzdrowicieli drastycznie wzrosło. Wzrosło proporcjonalnie do liczby ludzi w potrzebie emocjonalnej, jawnie zagubionych, z zadyszką biegnących w tempie, jakie narzuca rzeczywistość. Nie wiem, jaki procent wrażliwości na centymetr sześcienny jednostki staje się problemem w kontekście zmagań z życiem i powoduje pragnienie złożenia broni. Przypuszczam, że wielu z nas przechowuje na dnie bieliźniarki złożoną w kostkę białą flagę, którą planuje zamachać światu, gdy wiara w sens walki wygaśnie. Zanim to jednak nastąpi, próbujemy.

Kiedy bezsilność przechodzi w stan permanentny, decydujemy się słabym głosem krzyknąć: Ratunku!, licząc, że ktoś nam odpowie, przybiegnie z pomocą. To w tym momencie tworzymy przestrzeń, w której z chęcią rozgości się „autorytet". W wielu przypadkach wygląda to niestety tak, że autorytet mówi: Jestem, posuń się, i przesuwa nas łokciem na brzeg tapczanu, z którego po jednym niefortunnym ruchu spadamy. Wyjściowo jesteśmy bardzo słabi, zdesperowani. W takim stanie łatwo pomylić pomocną dłoń z brzytwą, tym bardziej że sami zdążyliśmy opatrzyć się już etykietą pozbawionego mocy sprawczej słabeusza.

O tym, że wszyscy jesteśmy ludźmi i wszyscy jesteśmy równi, zapominamy i my, i ci, którzy skwapliwie wykorzystują tę pozorną nierówność. Rzekomo zwykli ludzie oddają życie, pieniądze i resztki energii w ręce ludzi rzekomo wyjątkowych. Tymczasem obie grupy śnią na jawie przedziwny sen. Jedni siedzą na górze poduszek, drudzy się w nich wpatrują. Jedni mówią: Wiem, drudzy – przyzwyczajeni w dzieciństwie do posłuszeństwa przez dom i szkołę – uczą się pilnie tej wiedzy na pamięć. Jedni wdychają rozrzedzone powietrze na Mount Evereście, drudzy siedzą u jego stóp, przerażeni wysokością do pokonania. Bardzo często się zdarza, że mistrz nie chce zejść ze szczytu, nie chce być szerpą, który towarzyszy nam na każdym etapie wspinaczki; ba, zapomina, że w ogóle spoglądał kiedyś na szczyt z dołu. A przecież znamy liczne historie himalaistów, którzy zdobywali szczyt wielokrotnie, aż pewnego razu ginęli, nie dotarłszy tam.

Pierwsza z powielanych nieprawd głosi, że jesteśmy marni, zepsuci, ale jeśli się bardzo, ale to bardzo postaramy, pod czujnym okiem nauczyciela, korzystając z jego jedynie słusznej metody, mamy szansę odłączyć się od peletonu „zwykłych ludzi".

Prawda jest zaś taka, że kondycja, w jakiej jesteśmy, gdy czujemy się zagubieni, w żadnym stopniu nie narusza naszej naturalnej wyjątkowości. Zapominając o tym, sprawiamy, że świetnie się czują i funkcjonują wszelkie systemy żerujące na naszym przekonaniu, że tacy, jacy jesteśmy, jesteśmy nic niewarci, a ponad nami są ci, którzy mają i wiedzą więcej. Tym się karmi polityka, przemysł farmaceutyczny, show-biznes, szkolnictwo, religie – mam wrażenie, że to fundament, na którym stoi ten świat. Jak ci powiem, że jesteś słaby, to pójdziesz tam, gdzie cię zaprowadzę, zapłacisz mi każde pieniądze za ochronę, będziesz kobrą, która wychyli się z kosza, by zatańczyć, gdy tylko zacznę grać na flecie.

Druga nieprawda mówi, że istnieją metody, które zagwarantują nam, że już zawsze będziemy wolni od wszelkich emocji, zdarzeń, doświadczeń, jakie nie mieszczą się w definicji szczęścia. Kiedy damy temu wiarę, już zawsze będziemy zasiadać w ławce na lekcjach nauczyciela, który tak twierdzi. Kiedy mówi ci, że nigdy nie upadniesz, wie, że wrócisz do niego po każdym upadku po pociechę, po instrukcje, przekonany, że coś robisz nie tak. A przecież natura ziemskiego doświadczenia sprowadza się właśnie do płynnego przenikania się ciemności i światła, czerni i bieli, radości i smutku. Nie można rozdzielić duetu wydech-wdech. Niekończący się wdech – istne piekło.

Zapominanie o tym, że nikt nie jest lepszy od tego drugiego i że nie da się osiągnąć stałego dobrostanu, szkodzi samym nauczycielom. Ileż to razy dało się słyszeć o guru, który pękał jak balon na oczach swoich wyznawców. Ileż razy stąpającej po chmurkach nauczycielce, reklamującej swoje warsztaty liczącym dziesięć lat dyplomem oświeconej, wymsknął się bączek nieoświeconego komentarza pod adresem innej nauczycielki.

Czytałam o tym, że we wszechświecie wszystko dąży do równowagi. Jeżeli jesteś przekonany o swojej wyższości nad innymi, to wkroczą siły równoważące to poczucie i zafundują ci ćwiczenia z upadania.

Myślę, że za życia służymy sobie nawzajem. Jesteśmy sobie naprawdę potrzebni. W najczarniejszej godzinie zawsze pomagał mi człowiek. Pomogło mi, zupełnie nieświadomie, wiele i wielu z was. Drugi człowiek potrafi nas podtrzymać, czasem nawet ponieść. Każdy z nas zawsze ma przy sobie zestaw do udzielania pomocy. Każdy z nas przeżywa swoją codzienność, która, opowiedziana, staje się przesłaniem dla pozostałych. Są pośród nas ludzie, którzy uczą, choć nigdy nie nazwali się nauczycielami. Ich spokojna i przeważnie cicha obecność sprawia, że odnajdujemy spokój i ciszę w sobie. Mówią do nas, a ich głos dźwięczy na wysokości naszych uszu, nigdy nie dochodzi z góry. Pokazują nam, jaki piękny jest powrót do domu, do siebie. W przeciwieństwie do tych, którzy pozwalają nam wierzyć, że jesteśmy z natury bezdomni, i proponują miejsce w przytułku.

Mojsza racja

Dlaczego, kiedy czujemy, że mamy rację, nie wystarczy nam świadomość jej posiadania? Dlaczego racja nabiera pełni smaku dopiero, gdy ktoś nam ją przyzna?

Mamy w pokoju stołowym ścianę pokrytą tapetą drukowaną w liście monstery. Mąż mówi, że liście są szare, ja mam absolutną pewność, że są zielone, a wdając się w szczegóły – zgniłozielone. Cztery lata temu doszło między nami na tym tle do poważnej kłótni, która wprowadziła nasz związek w stan wysokiego zagrożenia rozstaniem. Zaczęło się całkiem niewinnie.

– Musimy zmienić obicie kanapy, bo szare gryzie się z tym odcieniem zieleni na tapecie – powiedziałam.

– Jak się gryzie, przecież te liście też są szare. Gdzie tu widzisz zielony?

– No, jeśli na hasło „zielony" przychodzi ci do głowy trawa, to rzeczywiście te liście zielone nie są, ale rozumiesz chyba, że odcieni zielonego jest wiele? Te liście są zgniłozielone. Gryzą się z kanapą.

– Kociu, co ty opowiadasz?

Od słowa do słowa, od zdanka do zdanka wylądowaliśmy każde w swoim okopie na polu bitwy, ostrzeliwując się nawzajem w istnym szale. Po chwili nie było już mowy o kolorach, poszło szeroko jak w tym kawale o mężu, który się przejęzyczył i zamiast: Podaj mi pilota do telewizora, powiedział do żony: Spierdoliłaś mi życie.

Jak to możliwe, że nawet kiedy mamy pewność, sprawiamy wrażenie, że nam jej brakuje, za każdym razem, gdy świat się z nami nie zgadza? Czemu rozpaczliwie szukamy kumpli, którzy naszą rację uznają za własną? Ludzie marzą, by na świecie zapanowała zgoda rozumiana jako triumf jedynej wspólnej prawdy. O święta naiwności! Jeżeli wszystko jest kwestią percepcji, to wyczekiwanie w historii tej planety momentu, gdy ludzkość spojrzy jednym okiem na nieskończoność zdarzeń, jest absurdem.

A może się pomyliliśmy? Może wystarczy, że zgodzimy się co do jednego – że nie ma nic złego, zagrażającego nam w akceptacji tego, że ludzie myślą inaczej? Ba, mają do tego prawo. Wszyscy mamy.

W poprzedniej książce wyraziłam pragnienie bycia zrozumianą, liczyłam na spotkanie ludzi podobnie myślących. Ostatnie dwa lata były kolejnymi, które poświęciłam na cierpliwe oswajanie części siebie, która była nieufna niczym pies, co zaznawszy traumy, trzęsie się w kącie schroniskowego boksu. To część, która przez długi czas kuliła się, gdy ktoś podnosił rękę w powitalnym geście, przekonana, że ręka podnosi się, by ciężko opaść na jej plecy. Dziś pies we mnie chwyta w locie piłeczkę, uszy falują mu podczas radosnego biegu, a zasypia na grzbiecie, ufnie prezentując podbrzusze. Dziś nie czuję się źle, nawet gdy nikt mnie nie rozumie, gdy zdaniem innych nie mam racji.

Chyba nigdy w całym długim już życiu nie czułam się tak wolna. Wolność, jak się okazało, lubi wszystkiego mniej. Wolność jest eremitą, źle się czuje w tłumie. Wolność wbrew pozorom nie przepada za dyskusją, ceni milczenie, nie zależy jej na poklasku, o nic nie rywalizuje. Lubi ciszę, nie przypina sobie dzwonków do kapelusza, nie wali kijem w garnek, żeby było słychać, gdy nadchodzi.

Dziewczyno, Chłopaku... Wszyscy uwierzyliśmy, że musimy albo powinniśmy. Okłamano nas. To bez znaczenia, ile masz teraz lat. Zapragnij wolności i sięgnij po nią. Mówiąc „wolność", mam na myśli stan, w którym wiesz, że siedząc nago na kamieniu, milcząc, nie legitymując się żadnymi dokonaniami, jesteś niezwykła, niezwykły. Stan, w którym głos w Twojej głowie – bez wytchnienia komentujący to, co widzisz, porównujący i oceniający – milknie. To stan, w którym przestajesz myśleć i mówić o sobie źle, bo już wiesz, że to nie ma nic wspólnego z prawdą, a jest jedynie echem słów, jakie kiedyś usłyszałaś(-łeś) i uznałaś(-łeś) za prawdę. Wolność jest wtedy, gdy rozumiesz, że jeśli inny ma, to nie znaczy, że dla Ciebie zabraknie. Gdy patrząc na drugiego człowieka, postanawiasz widzieć w nim delikatność i piękno, choćby były umorusane lub zabetonowane agresją, złością, podłością, które chronią jego wielokrotnie poturbowane JA. Gdy pozwolisz ludziom żyć i upadać, odpuścisz kontrolę, ale też nie odwrócisz się od siebie, kiedy zdarzy Ci się potknąć. Gdy zrozumiesz, że nie musisz się tak spalać, by zasłużyć na miłość, bo jesteś do kochania stworzona(-ny). Gdy wybierasz siebie i nie zadręczasz się myśleniem, że to egoizm, bo szanujesz taki sam wybór u innych. Gdy nie rzucisz z zażenowaniem: Co ta baba pierdzieli, nawiedzona jakaś, tylko zechcesz dostrzec, że jest na świecie ktoś, kto w Ciebie wierzy i nie przestanie, choćbyś nie wiem jak długo wierzgała(-ł). Pomalutku, w swoim tempie wróć do siebie. Poznaj swoją prawdę i nie walcz o jej uznanie.

Moja tapeta wygląda tak, jak chcesz ją widzieć. A ja wiem, jaka jest dla mnie. Teraz, na luzie, możemy porozmawiać o czymś innym :-)

Spis treści

W bambuko 4
Inny pośród takich samych 7
Jak odzyskałam życie 13
Chwała i cześć bohaterom! 19
Jestem wściekłością 23
Duchowatość 28
Nie wiem, że nie wiem 34
Punkt siedzenia 41
Samoobrona 46
Tętent końskich kopyt w głowie 53
Jeszcze tylko to i będę szczęśliwa 60
Jak polubić kota sąsiada? 67
Klient patrzy, klient wymaga 73
Dziecko z fotografii 81
Chodź, opowiem ci świat 88
Pierwsza komunia 95
Ślady po ciszy 103
Stowarzyszenie amatorów kropek 109
NIE 115
Seks a prokreacja 120
Jestę moherę 125
Uciekający państwo młodzi 130

Palec pod budkę 137
Ta trzecia, ten trzeci 142
Stara miłość nie rdzewieje 150
Salto mortale 155
Będziemy mieli dziecko. Mieli? 161
Najgorsza przyjaciółka, czyli matka 167
W koło Macieju 173
Moja wina, moja bardzo wielka wina 180
Nie patrz wstecz, bo zamienisz się w kamień 187
Zakaz wyprzedzania 191
Choroby, choroby i jeszcze raz choroby 197
Atak paniki 202
Żart czy szyderstwo? 209
Kawa na ławę 216
Co ludzie powiedzą? 223
Polać? 228
Pora karmienia 233
Koronawirus 239
Najładniejszy naród na świecie 245
Czarcia doba 251
Guru w szaliku z piór 257
Mojsza racja 263

Ilustracje i projekt graficzny okładki i wnętrza
Izabela Kaczmarek-Szurek / Formallina Illustration

Ilustracja na okładce inspirowana zdjęciem
Marleny Bielińskiej

Zdjęcie Autorki na okładce
Rafał Masłow

Redaktor prowadząca
Monika Koch

Redakcja
Anna Rydzewska

Korekta
Teresa Zielińska
Berenika Wilczyńska

Wielka Litera Sp. z o.o.
ul. Kosiarzy 37/53
02-953 Warszawa

Skład i łamanie
TYPO 2 Jolanta Ugorowska

Druk i oprawa
ABEDIK S.A.

Książkę wydrukowano na papierze Lux Cream 90 g/m^2 vol. 1,8
dostarczonym przez firmę ZING Sp. z o.o.

Oprawa twarda
978-83-8032-552-4

Oprawa miękka
978-83-8032-486-2